孝的真谛

幸福人生第一堂课

释证严 著

事理圆融

学佛最重要的是"事理圆融"
——众生或迷执于理相或偏执于事相,
无法事理兼顾,因此产生烦恼。
觉悟世间的事与理,明晓道理并能圆满事情,
如此事理无碍,方是学佛目标。

修行须从"佛典中生信心,从人事中用心";
依循佛经义理待人处世,
并从做人做事中体证道理,
此即"以理启事,藉事会理"。

佛法真理并非深藏于山林古寺或封锁在藏经阁里，
佛教的真精神是要走入人群去付出，
落实在生活中，推动于家庭、社会上。

唯有走入人群行济世志业，
从中看尽世间万般事相，从中觉悟微妙真实佛法，
世间法与出世间法融合，人事与义理相契；
器量宽宏、广结善缘，事理并行、福慧双修，
本具的净因灵性境界现前，
自然时时处处圆融无碍。

——证严上人

上证下严上人

证严上人以其悲天悯人之宗教家胸怀,服膺上印下顺导师"为佛教、为众生"之慈示,秉持"佛法生活化,菩萨人间化"之理念,在"内修诚正信实,外行慈悲喜舍"精神贯彻下,渐次开展"慈善、医疗、教育、人文"以及"国际赈灾、骨髓捐赠、环保、社区

志工"之"四大志业、八大法印"。事理相融,以浅喻深畅佛本怀,善导大众心存菩萨大爱,落实佛法于生活中,带动付出无求同时感恩之风气,达到"净化人心、祥和社会、天下无灾难"之人间净土目标。

静思法脉丛书

"静思法脉丛书"是为将证严上人开示法语依佛教经典、静思语录、衲履足迹、上人全书、人文专题、随缘开示、童书绘本、思想论述等八大书系结集成书。从计划性、系统性搜集资料、修润文稿以迄于汇整付梓,工程可谓浩大,影响自是深远,诚

然是任重道远之笔耕弘法慧业。故有心有缘于此致力世界和平之理想者,不可以不弘毅,立愿以淡泊明志之心,悠游法海;立志以宁静致远之心,潜心留史,全体合和互协荷担使命,圆满个己之修心道业,完成天下之长治久安。

卷首序言　　　　　　　　　　释证严

小孝善事父母，大孝兼善天下

《长阿含经》云："念护心意，孝敬为首，则长幼和顺，法不可坏。"法是千古历劫不毁坏，放诸四海而皆准，历久恒新。守持妙法，保护善心，首重孝顺父母，尊敬师长，若如此则长幼和顺，人伦有序，自然不违人间真理，坚定向道之心不退转。

"感恩父母"是做人的根本。人因父精母血结合而有身体，母亲怀胎生产总在生死边缘奋斗，犹如大地生长植物亦得承受很大的折磨。

数十年前，精舍土地上曾种植稻米、花生和黄豆。记得第一次种花生时，播种后隔天去看，种子并无动静；第二天，发现泥土有点裂开；第三天,则见嫩芽弯弯地长出来了;第四天再去看,嫩芽已伸展出两片小小的叶子。

土地孕育万物真不简单,为了成长小小的花生,得承受整地、拔草等作业,最后种子发芽时,且须将土地挣裂开。母亲不也是如此?怀胎十月忍受种种不适,分娩时承受撕心裂肺之巨痛,之后经年累月更为孩子操劳担忧。

想想,母亲是多么辛劳!父亲亦是天天劳心劳力于工作营生,只为让家人过得平安幸福。所以感恩父母、奉养父母是天经地义!父母是堂上的活佛,孝敬堂上活佛就是种大福田;相对地,承受父母大恩却不孝顺父母,拥有再多名利地位,也是失败的人生。

孝道是家庭的根,一个家没有孝,宛如树没

有根。没有孝道的家庭，不能兴旺；没有根的树，枝叶无法茂盛。以善以爱传家，则福德绵延不断。

如何尽孝？孔子认为，若只是奉养父母，让双亲衣食无忧，没有心诚意正地展现恭敬的言行，则对待父母和畜养犬马实无差异。孝不能离开敬，没有敬就谈不上孝。此外，真正的尽孝，尚须顾及超越世间物的精神层面；引导父母力行善道，转变凡夫的心态走入圣道，这才是最真切的孝道。

固守伦理学做人，以孝敬为首。孝父母，敬师长，回报父母成就我们的生命，也回报师长成长我们的慧命。美好的人生，要懂得自爱爱人，懂得尊重自己也尊重别人的人生，必须透过教育学习，因此要感恩师长恩情，既传授谋生技能，更教育品德道业，使我们懂仁义，知廉耻。

　　曾有人比喻母亲的心如针包，孩子就是那支针。持针缝制衣裳后，针就插进针包里；用时再抽出，不用时又插入。针包虽被针刺得千疮万孔，但依然自在、包容；至于这支针，可知其归宿就在针包上？为人当知，善的归宿在孝，孝是所有善行的基础。善行展现美好的相，于理违悖即现丑陋之相。能及时行善和尽孝，有此至诚心，才能祈得天下无灾难。

　　据经典所载，诸佛皆是在人间成佛。人格成，佛格才成；小孝善事父母，大孝兼善天下。若能由近及远、由小而大推动孝道，为自己而诚，为父母而孝，为社会而善，具备正确价值观，行于正道无偏差，终能到达真理究竟的目标。

目次

卷一。众善之源

第一章　百善孝为先　　　　　　　　　018

- 人生无常，须珍惜父母健在时
- 根本之善至诚之善，孝敬为首
- 以孝传家，回归人文伦理之美

第二章　亲恩重如山　　　　　　　　　050

- 怀胎乳哺恩，用生命守护生命
- 含辛茹苦恩，无所求抚养成长
- 悲智教育恩，欢喜子女行正道

卷二。以孝传家

第三章 **自爱报亲恩** 076
- 亲子连心,谨慎自我保护身体
- 顾好慧命,自律以为人生负责
- 行正业正道,让父母以子为荣

第四章 **礼敬侍双亲** 103
- 孝顺要表达在温和有礼的声色
- 用母语交谈展现对长辈的尊重
- 委婉劝导父母偏差的观念行为

第五章　善体慈亲意　　122

- 晨昏定省，尽本分在平常生活
- 朝夕散步，好一幅温馨亲子图
- 圆满所愿，偕亲行旅大江南北

第六章　纯孝赤子心　　134

- 树立孝亲楷模，须从自己做起
- 静思语熏陶深，贴心帮做家事
- 人穷志不穷，成熟独立不怨叹

第七章　安享天伦乐　　151

- 儿孙承欢膝下，回归数代同堂
- 兄弟妯娌融洽，老者安心养老
- 清明节感恩节，净心追思以礼

卷三。大孝天下

第八章 **温情满人间** 168

- 众生之间,累生累世互为亲眷
- 养老院设在家,环保站没烦恼
- 力行报恩感恩,缔造幸福人生

第九章 **尽孝传大爱** 206

- 时间空间人间,成就奇妙因缘
- 提振信心,回归原点重新起步
- 小孝敬奉双亲,大孝护念众生

摄影/释德弘

卷一。众善之源

第一章

百善孝为先

饮水要思源,做人莫忘本
奉养、孝敬父母,才能美化心地、守护善性
尽孝立身传家,回归传统伦理道德
才能缔造幸福家庭,创造人文之美的世界

摄影/陈友朋

人生无常，须珍惜父母健在时

时间不停留，要及时把握因缘尽孝；孝顺父母不能等，因为"人命就在呼吸间"。

人生是倒数计时，过了一日，就少了一日。当我们汲汲营营于生活的同时，若能常常回想自己身体从何而来，如何平安成长，进而懂得回报亲恩，一家和乐融融，多美好啊！然而，现今社会中，这样温馨的画面却不常见，十分可惜。

有父母的生养抚育，我们才能顺利成长。不论幼年或者成年，在他们心目中，我们永远是必须牵挂的小儿女；我们若能体会父母心，会更加珍惜有父母关爱与教诲的日子。

记得小时候,家住台中清水,当时正值第二次世界大战,常常听到空袭时的飞机声。有次放学还没回到家,空袭警报就开始作响,一阵阵紧急的锣声"铿!铿!铿!"地响起,飞机已经在头顶上空了,得赶快躲进防空洞。

轰炸时,防空洞里很多人都在祈求"观音妈"、"妈祖婆"保佑;轰炸结束后,防空洞周遭已经面目全非。抬头一看,电线杆上挂着残缺的肢体、内脏,十分骇人。有人感慨地说:"观音妈、妈祖婆,怎么不灵验,不把炸弹推到海里?"

其中有位穿黑色"台湾衫",留着白胡子的长者,很有智慧地说:"不要埋怨观世音菩萨不灵验,是我们众生不受教,自己造业,所以观音妈很无奈,不但眼泪都流干了,眼睛还哭出血来。"

这些话，我听了似懂非懂，不过却永记在心底，那一天的记忆很深。

战争结束后，社会逐渐繁荣，大家开始过着平安快乐的日子。那时我们家搬到热闹的丰原镇上，而我心里只有自己的家人——父母亲、弟弟、妹妹们，我是全心全意爱着他们，希望一家人能够永远幸福快乐，却没想到会有无常示现在眼前的一天。

父亲一直是个身体强壮的人，大家都认为他可以活到八九十岁。有一天，他在戏院的办公室，因为血压太高而头痛，我请家庭医师帮他打一针，很快地就降下血压。医师临走时交代："休息一下就没事了。"

当时父亲躺在沙发上，但我觉得办公室太吵了，就请三轮车送父亲回家休息。父亲还说:"好啊!回家好。"于是自己走出门。一脚才踏上车,另一脚就无法动弹,大家扶他坐上三轮车,未料回到家中已经昏迷。我那时一心念着"观音菩萨",并点起香走向家中天井,朝天跪下,祈求观音菩萨保佑父亲赶快清醒。

之后,我再请医师来看诊,医师说:"忘了交代你们,要等到血压稳定后才可以起身。一搬动,大动脉血管破裂,已经没有办法了……"

医师的话犹如晴天霹雳,我深深自责:都是我出的主意,是我要父亲回来的!要搬动父亲的是我……我永远都记得"是我"。一夜过去,隔天中午,我守在父亲旁边,脑中不断响着:"都是我、都是我……"等到父亲手脚转凉,我按着他的脉搏,感觉"啪啪啪啪——啪"停了!他好像安详地睡着,从此再也没醒过来。

父亲出殡那天，风雨交加，我心想："爸爸现在在哪里？风雨这么大，谁与他作伴？"为了帮父亲祈福，我到慈云寺为他诵经，做七天法会。天天在寺里跟着拜经、读经，看到经文后，渐渐了解人生就是虚幻一场，进而认真思考：一生中，能拿什么奉献给生我、育我的亲长？能拿什么奉献给天下众生？这一生中，到底能做什么？

虽然出家这么久了，这些往事仍历历在目。我深深体会到：孝顺要及时，不要等到自己事业有成，而父母年老力衰、健康不佳的时候，才想到要孝顺父母。人生无常，等到父母离开之后，无论如何哭喊"您不要走"或者"我爱您"，终究是徒劳。

回顾当初，我决意出家时，内心很挣扎，因为家中事业很需要我。但是思及倘若投身事业，此生将永远绕在事业、家业里；另一方面对佛法很向往，觉得应该放下家庭的菜篮，提起"天下的菜篮"，因而离开了家庭。

随着对佛法不断地深入了解，常想：我们何其有幸，此生能得人身；既得人身，若无听闻佛法、行菩萨道，很可惜。为人子女者接引父母亲走入菩萨道，与善知识为伍、深入佛法，与父母一起做"对的事情"，是回报亲恩最好的方法。然而行善行孝需兼顾，志业家业要平行，并不容易；我很感恩俗家的母亲，也就是我的养母，她很护持我。

当时我认为"割小爱"，才有办法"投入大爱"；但是母亲不允许，我只好选择离家。旅途中，经过很多波折，终于立志要修行；只是，在台东时被母亲找到，坚决地要我回家。

我不肯回家,只好说:"若要硬逼的话,我回去也只是一具没有灵魂的空壳罢了!"当时年轻不懂事,说了这样让母亲伤心的话。

由于母女两人各有坚持,僵持了一段时间,终究还是母亲让步。我把身上携带的首饰全都让母亲带回去;母亲回家后,天天捧着那些首饰流泪。

当时母亲有位朋友,是很虔诚的佛教徒,常常安慰她:"你很好命!俗话说生三个状元儿子容易,得一个出家子不简单;你的孩子有出家因缘,应该感到欢喜,怎么成天以泪洗面?既然孩子选择这条路,将来可能需要你的护法呀!"

初期在花莲带弟子修行时,生活很穷困。为了生活,我们搜集裁缝店不要的零碎布,一块一块地拼缝成婴儿鞋,以一双四元的价钱出售;也买水泥袋回来,逐层拆开纸袋、擦干净,将大袋子糊成小袋子,转卖赚钱,但是生活仍然相当拮据。

后来开始做慈济,跟随我的人渐渐增加,只好回丰原对母亲说:"我们想要自力更生,想找工作。"于是母亲买了两部制作手套的机器,也提供购买棉纱的本钱,我们就做起工作用的棉纱手套。

光是做工,生活还是无法安定,因为销量总是有限。后来,因缘际会,精舍附近有人要出售土地,我心想:不如来务农,农闲时再做工。母亲慷慨地说:"你们若需要土地,我就买给你们耕作。"现在回想起来,父母心真的最慈悲,也唯有父母能够无条件地原谅孩子,还不断地给予资助。

选择出家，是将父母赐予的身体，奉献社会、利益众生；假如父母舍不得孩子出家，因此心疼、起烦恼、造口业，反而变成孩子的不孝。所以，出家应该征求父母欢喜同意。

其实，要为众生奉献，不一定要出家，常言："在家菩萨智慧长。"在家的力量不比出家少；只要有善念、有爱心，愿意为人群付出，就是报答父母恩和众生恩。

在我出家时，家中还有三位长辈——亲生父母和养母。我总是希望让三位老人家接受佛法。但是度家人不容易，尤其因为自己曾经离家出走，让家人起烦恼，如果出家后没有加倍用功，精进修行，很难让长辈们对佛法起欢喜心。

所幸，慈悲的长辈们终于接受慈济志业，成为护持慈济的会员，和左邻右舍广结善缘、募心募款。亲生父亲往生前，捐出一个扑满，对我说："我年纪大了，日子也不多了。看到你为了世间的苦难奔波，感到很欢喜。我平常对一些老人说慈济，他们也很认同；他们要赞助慈济的钱，都存在这里，现在就交给你了。"

父亲往生后，我请俗家的家人们在家祭时不要杀生，举办佛化葬礼。亲生母亲见大家在父亲的葬礼上祥和地念佛，便对家人说："以后我离开了，也这样办就好。"内心是默默地护持、肯定慈济。

至于我的养母，经过培训，成为慈济的委员，但绝对不会多占用我的时间，或者对别人说："我女儿是什么人。"和其他慈济委员平起平坐。当我们建医院、盖学校，或者赈灾时，她都很活跃；即使发高烧，只要接到会员的电话，请她收功德款，仍旧立即前去。

在她往生前不久，有回我到台中慈济医院探望她。在病房，她牵着我的手，说了很多话。以前两个人从不曾如此亲近接触，因为传统观念里，母亲就是母亲，孩子就是孩子，何况我是养女，对养母的距离难免比较疏远。

那次她拉着我的手说："你的手怎么冷冰冰的？身体要保重。我了解你的忙碌，放心去做事吧，我已经很满足了。医院将我照顾得很好，你不用担心。如果有人来探病，我还会再向他募款。"她到最后还是要为慈济付出。相信她凭着这一念心，此生在人间广结好缘，来世一定会再回到人间行菩萨道。

根本之善至诚之善,孝敬为首

"树欲静而风不止,子欲养而亲不待",行孝行善不能等,珍惜父母健在的时间,及时行孝,让他们欢喜、心安,心无烦恼,成为一个有福的人。此外,善用父母给予的身体,代替父母造福人群,将功德回向给父母,时时行善,同样是孝思、孝行。

有些慈济人,双亲已不在人世,于是扩大孝心,将世间长者都视为自己父母,用恭敬的态度孝顺;虽然非亲非故,但是只要老人家身有病痛,或生活环境脏乱,慈济人就及时肤慰,并协助清理。

有位傅居士出生于战乱的时代,从小跟随军队来到台湾,与父母相隔千里;退伍后为了生活,四处辛苦打工,终于在台湾成家,有了孩子。

他热爱自己的家庭,热爱这片土地。九二一大地震后,不忍众生受苦难,虽然平常工作辛苦,仍不定时捐款给慈济,也很用心投入援建学校的希望工程,哪里有需要,就到哪里帮助。

他常说:"我不怕做辛苦的工作,怕的是来不及做。"有时其他志工担忧傅居士年纪大,不忍心安排太多工作给他;但他不怕劳累,不愿意空过时间,反而主动找事做。

每当他想到"行善、行孝,不能等",心情就很激动,少小离家,来不及对留在老家的父母行孝,所以只要是利益人群、保护大地的事,一定把握机会力行。

饮水要思源,做人不能忘本。懂得感恩的人,才能懂得爱心、发挥爱心;一个人能对父母行孝,往往就能安守本分,注重伦理,懂得感恩。至诚之"善"要从孝和爱开始,所以说"百善孝为先"。

倘若不懂得奉养、敬爱父母,即使布施行善,只是为了博得别人称赞,那是暂时、虚假的"名称行善",并非"根本的善";根本的善来自孝道。我们守好做人根本,不忘孝思和报恩,才有发自内心最诚恳的大孝与大爱。

曾听闻一位慈济委员分享:过去她学佛,只知道到处赶法会、跑道场,因而疏于照顾家中年迈生病的长辈。所幸及时听闻正信的佛法,明白"人格成,佛格成",人格未成,佛格即无法成就;待人处事能做得圆满,佛格才会圆满。因此了解学佛需先学会做人，以孝敬父母为首。于是她赶紧改正，用心孝顺长辈，才重新找回幸福的家庭。

"父母是堂上活佛。"只要父母健在，每日向他们恭敬问安，如同在拜佛；不让父母生气，将对他们的敬爱表达出来，让他们欢喜，就是供佛。

我们祈求佛菩萨保佑、加持，总是希望能趋吉避凶、祛灾消业、追求富贵。其实正信的佛法，不是一味求佛保佑；若要消灾，唯有多造福——"孝就是福"，懂得孝顺父母就有福；父母给我们一句祝福，远比去求佛菩萨赐福更有福。

常说"孝顺"，行"孝"也要"顺"；顺从父母的心意，不让父母烦恼。

多年前,有一对姊弟,父亲因年老而记忆衰退,无法将财产清楚分给他们。姊弟俩都想得到位于台北市的大楼,不愿分到不值钱的郊外土地,于是用尽心机争夺;母亲看到儿女对立,感到很心痛,却也没有办法做主,不知所措。

有位慈济委员为了消除这位母亲的烦恼,将姊姊带来花莲找我。姊姊一见到我,就说起家中过往,还强调这些财产的累积,她也曾付出一分心力,所以会争取现值较高的大楼。我说:"大楼已经兴建完成,价值大致底定,但土地的价值就不知道了;而且'孝顺就是福',不要让父母担心、操心,自然会有福。不论最后分到大楼还是土地,试着将心门打开,心情会自在一点。"

回家路上,姊姊仔细思考,决定不让父母因为这件事继续操心,所以告诉妈妈:"小弟想要什么,就给他,剩下的给我就好。"

得知姊姊能放下计较心,令人欣慰。人如果可以不计较,心就能因善解而得自在,这就是"智慧"。其实凡夫所求,不外是富与贵,认为拥有钱财就是"富",位高权重就是"贵";却不知道这种世俗的富贵,犹如梦幻朝露,既不真实又很短暂。

其实真正的富贵在品格、心灵。伦理与道德的厚实,才是真正的人性之富;具有良好品行,将伦理道德行于日常生活中,才是真正的贵。倘若人人皆能回归良善本性,在生活中以力行孝道为先,日日积善,这种人生既富有又可贵。

以孝传家,回归人文伦理之美

《孝经》云:"夫孝,天之经也,地之义也,民之行也。"孝顺之道,在于不违逆伦理道德。孝顺,是天经地义的事,就如四时运转更迭,人人行孝,才合乎天、地、人的真理。

在复杂的社会中,往往有许多陷阱,引诱人们朝偏差的方向走去,但是行孝能美化我们的心地。《长阿含经》云:"念护心意,孝敬为首,则长幼和顺,法不可坏。"佛陀教导我们好好地保护孝顺父母的心念;因为没有孝道,家庭就会失去伦理,难以兴旺,且长幼有序的人伦道德不能破坏。

经文又云:"志性仁和,慈孝忠顺。"每个人立志发挥仁德的本性,对人与事都能顺着道理,就是"志性仁和";具有仁和的心,自然会"慈孝忠顺"。

经文亦提及"众生能为极恶",人学坏的关键,往往从"不孝父母、不敬师长"开始;为人必须非常谨慎,时时自我反省,才能守住本具的善性。

曾经听闻有位八十二岁的老母亲变卖名下全部财产,分给六个儿子。原先期待晚年能和幺儿共享天伦之乐,因此多分了二百多万元给他,不料却引起其他儿子不满,以致不愿奉养母亲。幺儿则认为母亲应该由兄弟们轮流奉养,于是六兄弟互相推诿,最后竟让母亲沦落在家门口,苦苦哀求却不得其门而入。

邻居见状，不忍老母亲的境遇，遂报警处理。警察一一打电话给六个儿子，得到的回应不是说："我没有空。"就是说："现在应该轮到去住六弟的家。"最后是大儿子说："如果要回来我这里住，就叫她自己搭车回来。"

儿子如此对待母亲，令人心酸又无奈。如果处境对调，换成儿子打电话告诉母亲身在何处，想回家回不去，母亲一定会设法接儿子回家。看到现今社会，为人子女者孝心浅薄、道德渐趋式微，真是令人忧心！

所幸并非人人如此，有位孝顺的卢先生，为了照顾中风的老父，辞去待遇优渥的工作，守在父亲病榻前长达八年；每小时为父亲翻身，轻拍按摩，即使半夜也是如此，让父亲的身体始终保持舒适干净，不生褥疮。

外人不免觉得他为父亲牺牲太大,问道:"你怎么这么孝顺?"他回答:"爸爸从大陆来到台湾,经历大半辈子的辛苦,拉拔我们兄弟长大。所以照顾爸爸,是我应该做的事。"这分孝心真难能可贵。

花莲有位就读小学六年级的王小弟,从小与阿嬷相依为命;阿嬷早年守寡,女儿婚后育有五名子女,之后因吸毒而身陷囹圄,又已离婚,阿嬷遂一肩担起抚养孙儿的责任。直到孙儿们年纪渐长,有的已出嫁,有的赴外地读书,剩下两个小孙子就读小学,仍由阿嬷照料养育。

七十多岁的阿嬷,拖着老迈与病痛的身体,以捡拾资源回收物维生；王小弟陪伴阿嬷到处捡回收物，有时在路上遇见同学，也很自在。他未曾自怨自艾，在校用心课业，成绩优异；放学回家后则先写完作业，然后主动帮忙做家事、照顾弟弟的功课；时时知足、感恩、善解，觉得幸好有阿嬷，一家人才不会挨饿；也知道让阿嬷放心就是最好的回报，所以总是乐观面对生活。慈济人于二〇〇二年接触这个家庭后，便持续关怀、陪伴。

由于王小弟尽心行孝及认真用功，于二〇一〇年获颁全台孝亲家庭楷模，也曾以一篇题目为《妈妈的手》的文章，得到报社征文活动第二名。文中写道："虽然我从来没有碰过妈妈的手，但是我碰过阿嬷的手。阿嬷的手是捡破烂的手，如果没有阿嬷那双手，我可能会流浪街头。"他很感恩阿嬷用双手支撑起整个家，很希望自己小小的一双手，能分担阿嬷的辛苦。他还要对阿嬷说："阿嬷辛苦了，我爱您！希望我长大后，能用我的双手来回报阿嬷的养育之恩。"

王小弟知恩、感恩，而且知足、善解；体谅阿嬷的辛苦而如此体贴孝顺。尽管年纪小，却很有智慧，心宽念纯，令人疼惜。他在接受大爱台访问时表示，自己还有"另类妈妈"，就是慈济人。因为慈济志工经常前往关怀："穿得暖吗？吃得饱吗？"他在感恩之余，也发愿将来要学习慈济人的精神，伸出双手，帮助他人。

慈济人希望透过教育，让学生懂得孝与顺的意义，为鼓励孝悌、勤奋的孩子，在多国举办"新芽"奖学金。取名"新芽"，代表世间的希望；看到一个个接受奖学金的年轻学子，就像一粒粒种子陆续冒出，在在都是未来的希望。

在马六甲同样有一对出身穷困，但懂得孝顺、奋发向上的兄弟。他们的父母先后因工作意外而受伤，年仅十五岁的长子自行休学，外出打工赚钱，努力工作帮忙家计，成就弟妹完成学业。

弟弟感念父母的付出，也感恩哥哥的成全，所以用功课业，对家事也很勤劳。当他于二〇一〇年获得慈济的新芽奖学金时，在颁奖会场向父母、兄长顶礼，表达内心深深的感恩。这些家庭虽然困苦，却很温馨。

温馨的家庭，来自伦理教育；古人重视孝亲教育，视小家庭为大社会的写照及缩影。在慈济世界中，有全由男众组成的慈诚队。慈诚队员们平时自我训练放下身段，时时感恩。在母亲节时，他们会勇敢地将爱说出口，向母亲表达感恩——感恩妈妈的生育、养育之恩；也感恩贤慧的太太，长年累月承担家事，守护家庭，让自己能专心为事业、志业付出。

慈诚队里有一位陈居士，从小因为父母工作繁忙，由阿嬷照顾，所以他感恩父母之外，也特别孝养阿嬷。

阿嬷的脚曾开过刀，体力衰退，又已九十多岁了，上下楼梯不太方便。陈居士想起自己小时候，阿嬷很疼他，总是抱着、背着他；现在阿嬷老了，行动不便，而自己长大，有力气了，于是每天背着阿嬷上下楼。每一回背起阿嬷，感觉阿嬷的体重一天天减轻，心里就很不舍。出外活动时，若遇到比较陡的坡道，陈居士就像抱孩子一样将阿嬷抱起来走，细心又温柔。

陈居士时时陪在阿嬷身边，亲自侍奉三餐，如果阿嬷嘴没张开，他自己的嘴就先张开，说："阿嬷，啊——"阿嬷的嘴就会跟着他"啊——"犹如慈乌反哺，让人感动。

陈居士深入慈济志业，承担干部工作，并发愿将人度入慈济，见闻善法。他以十分柔软的身段，邀约朋友一起投入环保站；同时身体力行，带头精进，若知道当天晚上有志工要开环保车出去载回收物，无论下班回来有多累，都赶紧前去帮忙。平时也鼓励其他慈诚队的师兄，多带家人出外走走，多陪父母踏青，行善行孝平行。

很多人看到他的行动，见贤思齐，改去不好的习气，及时孝顺长辈，疼爱妻儿。陈居士的孩子也说："看到爸爸这么孝顺阿嬷，是最好的教育，我将来也要这样孝顺爸爸。"

所以说家庭要和乐,必定要先从自身做起。家中若有一人为非作歹,不论是酗酒、吸毒、行为暴力或其他恶行,不仅家庭难以平静,社会也无法安宁。倘若每个人都能顾好自己的心念行为,对家庭负责任,对父母及长辈懂得行孝,尊重配偶并时时感恩,对子女善尽教养之责,社会定能祥和。

因此慈济人走进校园,教育幼小的孩子疼惜生命,对父母有礼貌,帮忙父母做家事;透过课程设计,让孩子体会,母亲怀孕时有多辛苦,父亲在外打拼多么不容易,进而懂得体谅与感恩。

慈济的"爱洒人间"运动(注),则走入社区,走入一个个家庭启发人们的爱心,引领人人行孝,启动爱的循环,以孝传家。

为了让年轻人体会孝顺的重要,曾有位部队指挥官,邀请慈济人到军营推动行善、行孝的观念。这位指挥官平时即常对部队的年轻人呼吁孝顺的重要,并请年轻官兵休假回家时,好好观察父母脸上的皱纹有否增加?牵起双亲的手,注意有无结茧?为长辈们洗脚,留意脚趾甲是否修剪完好?年轻官兵们放假时,亲近家中长辈,回到部队向长官报告,果真有老人家因为老花眼,剪脚趾甲时不慎剪破皮了⋯⋯

这位指挥官认为:尽管服役的年轻人随兵役制度来来去去,但是只要对每一梯次的年轻人,不厌其烦地宣说同样的道理,多一个年轻人听懂,就能多帮助一个孩子、一个家庭改变。若是愿意改变的人愈多,整个团队就会变得更好,他们退伍之后也能改善社会风气。

倘若视家庭是教育中的"小圈圈",校园是教育中的"中圈圈",影响教育的"大圈圈",则是整个社会的氛围。无论是"小圈圈"的家庭伦理,"中圈圈"的学校教育,或是影响所有人的"大圈圈"——整个社会氛围,我们总是把握因缘,启发每个人的善念,带动人人感恩报恩、固守孝道,回归传统的伦理道德,相信能打造出充满人文之美的世界。

注:二〇〇一年,国际间发生美国九一一事件、美阿战争开打,台湾又遇桃芝、纳莉台风灾害,证严上人有感于天灾人祸频生,"惊世的灾难,要有警世的觉悟",故于同年十月十三日发起"爱洒人间"募心

运动,取"一〇一三"谐音"一人一善",透过街头宣导与社区茶会方式,劝募一分爱心,希望持续带动人们时时发善念、起善行,虔诚祈愿弭灾难;无截止日期。

第二章

亲恩重如山

父爱似朝阳,照亮家庭,让孩子充满希望
母爱浩连天,为家付出,天空海阔无边际

摄影/潘玉玺

怀胎乳哺恩，用生命守护生命

每每看到天真的孩童，总是特别开怀。孩子心中无染，纯真明亮，让人感到人生很有希望。不过看到孩子，也会想起妈妈怀胎的辛劳。

佛在《父母恩重难报经》说："母胎怀子，凡经十月，甚为辛苦"，并分析一个小生命如何从父精母血，在妈妈肚子里，第一个月、第二个月、第三个月……不断不断地演变。

小生命在妈妈肚子里成长，真的不简单；妈妈怀胎十月，为了要保护孩子，也要忍受一次次的不适，万分辛苦。

记得有一次，在花莲慈济医院看到一位同仁躺在病床上。我问:"发生什么事了?怎么躺在这里?"身旁的人回答:"师父,她怀孕了。"原来因为胎儿不稳,医师说她必须卧床安胎,直到生产。一般人睡醒后,在床上躺久了也会感到不舒服,偏偏这位同仁为了安胎,必须整天躺着,不能随意活动。

许多医院设置安胎专属病房,就是因为有些妈妈在怀孕时,胎儿状况不稳,担心孩子不保,因此需要医疗照顾。其实每个妈妈在怀孕时,总是战战兢兢地注意各种生活细节;倘若有感冒、头痛等的情形发生,也不敢任意服药、打针,生怕腹中胎儿受到任何伤害。

花莲慈院曾有过一则案例,一位三十多岁的妈妈在怀孕六个月之后,才发现自己罹患肝癌;为了保护胎儿,甘冒生命危险,强忍剧痛,也不愿意轻易接受检查或治疗。

医护人员很用心地照顾这位妈妈,当时胎儿只有一千零五克,医师希望胎儿能成长到一千二百克后再生产,如此会比较安全。妈妈很愿意将小孩放在她肚子的"保温箱"里,即使已经很不舒服,但是为了保住胎儿的生命,仍然咬紧牙根,继续与病痛搏斗。最后,她终于将孩子顺利产下,一听到孩子平安,脸上就流露出满足的笑容。

有一句台湾俚语形容女人生产是:"生得过,烧酒香;生不过,四块板。"意思是说生产时变数很多,若能顺利生产,等着她的是补品;若遇难产,等着的可能就是棺材板了。

以前的人都是请产婆在家里接生,产妇的哀叫声频传，让人分外紧张，家人只能在房外等着，听到孩子哇哇的哭声，才松了一口气。在这样的环境下，平安生产是喜气；如果遇到难产，情况总是令人无奈。现代人在医院生产，即使产房设备齐全，还有医护人员在旁照顾，也并非人人都能平安。可见生命来到人世间，是多么不容易。

所以母亲可以说是用生命在搏斗，让子女平安出世，我们对母亲应怀抱感恩心。曾经有位参与慈济儿童精进班的孩子告诉我："我知道我的生日就是母难日。所以，每年我都会存钱，到生日那天，包一个红包给妈妈'坐月子'。"

许多大人都想不到：生日包红包给妈妈"坐月子"。这个孩子知道生命得来不易，因而启发了智慧，认为应该慰劳母亲生育的辛苦。反观许多人选择以狂欢度过生日,实则不妥。就佛教徒而言,"生日是悲痛的母难日"——悲,我们来到人间,因为人间苦难偏多;痛,母亲的苦难日。所以在母难日,应当庄重。

母亲从怀孕开始就担忧孩子是否健康;生产后要哺乳、喂食,还要看顾、扶持孩子学走路。古人云:"十月怀胎,三年乳哺",养育过程有甜、有苦、有甘、有涩,难以言喻。

以前的人说,孩子吸母乳是吃母亲的身血;医界也认为,母乳里有氨基酸等对孩子发育有益的营养,喂哺母乳可让母子关系更密切。每个孩子未出世前,在妈妈肚子里脐带相连,并非出生后剪断脐带,就与妈妈无关了。当妈妈将孩子抱在胸前,以奶水哺育孩子时,孩子的生命仍然紧紧与母亲贴近。

母亲为了照顾子女，总是劳心劳力地付出。《父母恩重难报经》里有一则故事——

有一天佛陀带着阿难尊者行脚在外，在山脚下发现一堆白骨。佛陀对阿难说："阿难！你将这堆白骨，分出男众的骨头与女众的骨头。"

阿难尊者说："佛啊！人活着的时候，可以从穿着、打扮分辨出男女，但是往生后变成一堆白骨，如何分辨得出骨头属于男众或女众呢？"佛陀回答："阿难！你将这堆骨头中，白色的挑一边，较黄、较黑的另放一边。"

阿难不解地问："骨头为何会有颜色深浅之别？这又是如何形成？"佛陀回答："颜色较白的骨头就是男众，较黑、较黄、有颜色的骨头就是女众。因为生男育女,世间女人认为是天职;生产之后,又需为孩子哺乳,乳由血变,所以憔悴;不但要喂哺孩儿,还要料理家事,为生活而操劳;身心多劳,烦恼众多,因而骨头呈现黑色,重量也会变得较轻。"

虽然这段经文说的是佛世时印度妇女的生活方式,不过,在现代社会,妈妈仍然很辛苦。孩子半夜饿了,要起床喂奶;帮孩子换尿布时,总是小心翼翼、轻轻地抱着,生怕多用一点力,会伤到儿女。照顾过程中,巨细靡遗,还是无怨无悔,心甘情愿。

多年前,高雄有位孕妇,在怀孕第十八周时,移植自己五分之一的肝脏给两岁的女儿。原来大女儿出生未久,即发现肝胆闭锁症,一直期待有机会施行肝脏移植,等了将近两年,还是等不到,而且健康不断在恶化中，只有怀孕的妈妈符合器官捐赠的移植条件。当妈妈了解唯有自己的肝可以给女儿，也确认胎儿不会受影响，坚持进行肝脏移植手术。所幸手术后母子三人均安。

相信大女儿将来长大，应该更能体会母爱，因为妈妈不只怀胎十月辛苦生下她，还移植肝脏给她，名副其实的"心肝宝贝"。这位妈妈能下床行走后，第一件事就是去看女儿，喂女儿吃饭。看到女儿病情好转，绽放笑容，就是她最大的欣慰。

母亲为了守护孩子，甚至愿意牺牲自己的生命保全子女。

四川汶川发生大地震之后，救难人员在瓦砾堆中挖掘时，发现一位已经往生的母亲，双脚弯曲，以膝盖跪地、双肘撑地，全身形成Π字形。在她的身体下方，有一个包裹着被单、出生才三个多月的小婴儿，被发现时，还睡得很香甜。救难人员也找到了这位母亲的手机，她用简讯留下这则留言："宝贝，如果你还活着，要记得——我爱你。"

《无量义经》云："出生入死，无怖畏想。"菩萨为了拯救众生苦难，心生怜悯，出生入死，无有恐怖之心，没有畏惧之想；四川这位妈妈，让人觉得慈母心犹如菩萨心，令人感佩。

含辛茹苦恩，无所求抚养成长

小时候，我们总是期待自己的小手，能被爸爸妈妈的大手牵着；父母也会想："无论这个孩子要牵到几时,我都不会放开他。"在慈济的《父母恩重难报经》音乐手语剧提到:"父母恩情密密绵绵,岁岁年年,千古不变"。哪怕父母一百岁,孩子八十岁,但是在父母亲眼中,孩子还是孩子。父母的爱,即使用干笔墨,再多文字也难以形容。

若真要描述父母对孩子的爱,就是"父爱似朝阳"——爸爸的爱就像旭日东升,照亮家庭,让孩子充满希望;"母爱浩连天"——妈妈的爱就像天空海阔,无边无际。

在台湾,每到开学的时候,看到小学生上、下课时有爸妈耐心地哄着、带着;到了中学,父母不愿孩子日晒雨淋,仍开车接送;即使孩子上了大学,离乡背井,父母同样陪着孩子前去熟悉学校的环境。

父母对子女的爱,没有条件,也没有种族的差别,例如花莲就有一位了不起的"乌拉圭妈妈"。这位妈妈的先生是台湾的船员,因为远洋船到了乌拉圭,两人相识而结婚。婚后她跟着先生到台湾,生下孩子;五年过去,先生却不知去向,自己独留花莲。

在这种情况下,有人劝她:"先生既然不顾你,你也可以一走了之,回乌拉圭吧。"她说:"不可以,孩子谁照顾呢?"为了孩子,她甘愿打零工度日,十余年来,终于将孩子抚养长大。

现今许多职业妇女,又要上班,又要料理家事,还要照顾家人孩子,常是蜡烛两头烧。妈妈固然辛苦,当爸爸的也不轻松。父亲为了养家,辛苦工作。有的经营事业,整日应酬,随着事业规模渐大,担负的责任也相对加重;有的付出劳力,无论是艳阳高照或风吹雨打,都要忍受天候变化,流汗打拼。

有位菲律宾籍的华人麦先生,为了养家,四十多岁时,离乡背井到台湾,成为数十万名外籍劳工之一。如今他已六十岁,在台湾一住就是十多年,为了孩子的教育、家庭的生活,每个月将所赚的钱寄回家,总算将孩子抚育成人,也顺利接受高等教育。但他舍不得常回菲律宾,因为来回一趟需要花费不少旅费。

后来,因为经济不景气,他失业了,吃了很多苦。有次因为心肌梗塞,到大医院紧急开刀,命虽然救回来,医药费却没有着落;所幸在慈济帮助下,渡过难关,也圆满了回家的心愿。

麦先生壮年离乡,老年返家,十多年殷勤工作,只为养育儿女长大成人。这样的父爱,看似寻常,却不简单。

在大陆华山也有一位感人的父亲。年近五十的何先生，妻子在生第二胎时病重往生，从此他父兼母职。不幸的他又因为一场煤矿事故，失去一只手臂，在家静养一年后，为了养活两名幼子，在朋友介绍下，决定到华山当挑夫。

华山高约两千一百多米，山势陡峭，有段路特别险峻，当地人称作"一线天"；上山的台阶，被形容为"天梯"。一般人徒手爬山已很困难，更何况要肩挑重担攀登。手脚完好的挑夫，一手要拿拐杖，另一手还要拉着铁链攀爬；但他只有一只手，所以只好两根手指头拿着拐杖，三根手指头穿在铁链里，背起超过七十公斤的重物，驼着背上山。

他一天来回两趟，将观光客的行李挑到山上的饭店。双脚、独臂，背一公斤五毛钱，挑七十公斤，收入三十五元人民币。一天来回，差不多赚新台币三百五十元，就这样养大了儿子。

当他的儿子长大成人，找到工作，回来陪着父亲走这一趟，忍不住哭了，数度想要代替父亲挑担，父亲总说："你不要管我。"

何先生常对儿子说："你要有志气，做人要行得正、有人格，才有价值。"虽然生活困苦，但是他乐观、有志气，从不向儿子提起赚钱的辛苦；不让孩子知道，也不要让孩子体验这样的苦，只期望孩子为人端正、过有价值的人生。

社会上并非每个家庭都生活平顺，所以为人子女，不要埋怨自己出身低，反而应该自立自强，努力向上；尤其是生在穷困家庭、单亲家庭的孩子，父母尽管生活艰困，没有抛弃应尽的责任，还是用尽心思抚育子女成长，可见父母的情操何其伟大，子女更应铭感于心。

悲智教育恩，欢喜子女行正道

许多父母努力打拼，希望事业做得更好，让家人过舒适的生活，因而工作繁忙，无法常常陪伴孩子身边；也有些父母的严格管教，让孩子很难接受。曾经有一位孩子对我说："有时候妈妈叮咛到近乎唠叨，我忍不住顶嘴，妈妈会因此而气得要打人。"尽管这些父母为家庭付出，但是孩子们有时反而不能深刻体会父母亲表达爱的方式。

这些父母大多成长于过去保守的社会，因为他们的父母——也就是孩子的阿公、阿嬷那一代，管教比较严格，非常重视长幼间的礼貌与规矩。经过从前中规中矩的教育后，他们尚未习惯现在开放的社会，只希望为子女付出，好好地保护自己的孩子，不免让孩子觉得父母冷漠或严厉。

普天下的父母都对孩子怀抱着无私的爱，无论父母如何管教孩子，多是为了孩子好。当孩子规规矩矩行于人生正轨，最高兴的，也是苦心付出的父母。

诸如父母总希望孩子受最好的教育，在台湾或大陆，常见父母负担并不便宜的学费，也要让孩子就读双语教学的学校，毕业后到海外留学。

许多父母亲期待孩子考上理想学校，又希望他们不要有太大的压力。常有母亲红着眼眶告诉我："很舍不得儿子开夜车"、"舍不得女儿压力这么大"，或是担心子女因为考不上理想的学校，受到打击，乱了生活规律。即使考完放假了，让孩子出去玩，也不安心；不让他出去，又怕反弹。还需担心儿子女儿，年纪轻轻就有很多追求者……为了子女，总有许多担忧和牵挂。

父母心犹如"针包"，每当面对孩子情绪不好，表达的言行如同"针"一样刺进父母心，尽管刺得满是针孔，依然默默包容。特别是许多身心障碍者的父母，总是不断地付出，既不放弃，也不求回报。

有一次，我行脚到嘉义，看见一对母子。儿子高高壮壮，人也长得很帅气，却口齿含糊地对我说："师公，我很乖。"只要发音不清楚，他的妈妈就不厌其烦地一句一句教导。原来他有智能障碍，已经二三十年了，妈妈还是将他照顾得干干净净，好像对待稚龄的幼儿。

我想起花莲有一位七十多岁的老荣民，四十多岁的女儿也是智能障碍。老父亲从孩子出生后，四十多年来，从不奢望从孩子身上得到什么回报。有人问老父亲："每天抱她累不累？"他欢喜地回答："不会啊！我要感恩她陪伴我，对她说话，还会傻笑眨眼睛，好像一个大玩偶、洋娃娃。"

这些父母不是养儿待老，只是恪尽天职，每日辛辛苦苦地呵护孩子，宽心面对环境。看着这些妈妈背着高壮的儿子去复健，爸爸双手抱着个子和自己差不多高的女儿，令人不舍；不过，看到亲子互动时的温馨、欢喜，又令人动容。

面对身心障碍的孩子，有的父母不仅负起养育之责，也发挥智慧，施以教育。高雄有位香香妈妈，年轻时，医师宣布她的女儿患有极重度精神障碍，那一刻她的心好像一座大山崩塌。从此，夫妻间不断地吵闹，感情不好；她的心力也始终跟随孩子的情绪起伏，万分煎熬。

香香妈妈尽管呵护、疼惜孩子，但是每当女儿翻箱倒柜，将家里弄得乱七八糟时，情绪难免波动，也会因此打骂女儿。但是，打在女儿身上，痛在自己心里；打过以后，舍不得，又会抱着女儿说："对不起，妈妈不应该对你生气，我忏悔！"

这种生活,五十多年如一日啊!她将孩子带在身边,不曾想过送女儿到疗养院、收容所,总是亲自照料女儿的生活起居。有时她也会自怨自艾,为什么这么命苦,只好求神问卜,唯有一个愿望:希望有一天女儿病情会改善。直到十多年前,她在慈济联络处抽了一句静思语:"不要被无明牵着走"。因为这一句话,让她豁然开朗,不再整天随着女儿的状况起烦恼。

从此香香妈妈牵着女儿,到离家十多分钟路程的慈济环保站,投入环保。开始时,她让女儿乖乖坐在一旁,舀一盆水给爱玩水的女儿玩;女儿虽会乖乖坐下,但有时会大声喊叫,特别是环保车回来时,会叫得更大声,让她觉得很不好意思。但环保站的志工说:"没关系,让她叫,她应该是在欢喜。"从此香香妈妈渐渐感到自在,不再自卑,因为这一群志工,能接受她的孩子,也会爱她的孩子。

孩子有一天突然捡起宝特瓶,并且依不同颜色分类。即使只是个简单的动作,香香妈妈却十分开心,因为五十多年来,第一次看到女儿真的会做事。香香妈妈所求不多,只要孩子发挥一些潜力,就是最好的回报。

此外,还有一位充满智慧的黄妈妈,她的孩子年幼时因蚕豆症延误治疗,导致语言表达有困难,手脚僵硬。黄妈妈面对这个孩子,心里曾经非常挣扎,甚至想过母子同归于尽;但是念头一转,既然生了他,就要好好陪伴。从此开始,她很甘愿、很坚强地陪伴孩子长大。

黄妈妈从孩子年幼时，就训练他做家事；到了高二，不愿意轻微障碍的孩子就读特殊学校，坚持送他到普通学校就读，下课后，母子同到慈济环保站做资源回收，借此训练手脚，当成做复健，也多多接触人群。

有的人觉得不好意思带身心障碍的孩子到外面与人接触；其实家中一旦有身心障碍儿，倘若情况允许，应该从小就出外与人群互动，不要让孩子觉得他与别人不同。

因为黄妈妈用爱陪伴、以智慧引导，所以她的孩子不仅已经就读大学，而且加入慈青（编按：慈济大专青年联谊会），同时投身环保志工，证明别人做得到的，他也做得到。虽然讲话比较不灵光，手脚也稍微僵硬些，不过勤运动、勤做事，在团体中同样发挥生命的良能。

这个孩子善良、勤奋，也知道妈妈疼惜、训练他，都是为他好，因此很感恩妈妈。所以我们应该要教育孩子能合众入群，正确地爱他，并培育他的良能、启发他的智慧。

身心健康多幸福！只是人生于世，常是由不得自己，因身心的残疾，不能自由自在地过日子，无论是先天使然或是疾病所致，都非常无奈。本身受苦，父母也跟着难过。只是为父、为母则强，他们具足"悲"、"勇"、"毅力"面对、承担。

看到这些父母，让人深深体会父母恩重难报。倘若我们静心思考：人生来自何处？妈妈怀胎生我，父亲辛劳育我，对此深恩，又能回报多少？佛说："左肩担父，右肩担母，哪怕是磨破了肩膀的肉见骨，还不算是真正地报答父母。"所以，更应该把握时间，回报亲恩。

卷二。以孝传家

第三章

自爱报亲恩

伤在子女身,痛在父母心
损伤自己的身体是大不孝
父母的期望无他
只盼孩子健康平安、正正当当做人做事

摄影/陈友朋

亲子连心，谨慎自我保护身体

古代哲人曾子，在病危时对弟子们说："你们好好看看我的手脚，有没有伤痕？"原来，他要检视父母赐予的身体是否完整无伤？曾子一生谨慎小心地自我保护，不敢有丝毫伤害，这是圣贤的孝道。

然而常听慈济医院的医疗志工分享：有很多年轻人不懂得自爱自律，因为飙车、超速、不遵守交通规则而受伤，送至慈院急救；甚至曾有位患者因经商不善，被人拐骗财产，一时想不开，竟用钉子钉自己的头！

听到这些个案，很担忧。为人子女在行事前实应深思熟虑，身体的伤害，幸运的话可以在一段时间后康复，但是也有人因此造成终身遗憾。不论结果如何，伤在子女身，无不痛在父母心。

多年前，我在慈济医院遇见一位孝顺的年轻人，推着生病的父亲到病房里，让老人家安适地躺着。那时，我在走廊和其他病患说话，他走出病房诚恳地问："师父！我应该怎么做才能消除父亲的业障呢？"原来他心想：如果燃指发愿，将功德回向父母，可以让父亲早日康复。

我对他说："你错了，身体是父母给予，千万不可以轻易损伤。损伤自己是大不孝，对于你和你父亲的共业，要甘愿做、欢喜受才是。你若能毫无怨尤地侍奉父亲，就是尽孝道！年轻人，你还有美好的前程，千万不能伤害自己！"

回想我以前在小木屋修行时，之所以燃臂供佛，只是一心虔诚，供养佛陀以报父母恩。我出生后，还不识世事就被送到养父母家，虽然识得亲生父母，但是平常碰面也不能单独说话，所以从小到大，直到出家，未曾回报亲生父母恩。出家之后，我认为身体来自父精母血，既然出家，身无长物，就以父母给予的身体供养三宝、供养普天下的众生，于是燃臂供佛以明心志。

我不鼓励其他人学习此法，只是当时心意恳切，没有多余的钱买香，只能以一片虔诚的心礼拜、读经、抄经，单纯地每月一次以身供养。

懂得自爱的人，就会了解生命宝贵，明白人生价值。曾经有位中年人担心自己的弟弟想不开，于是带他来花莲见我。原来他的弟媳患有严重的红斑性狼疮，恐有性命之虞，他的弟弟悲伤地说："如果太太的病治不好，我也要自杀，跟着她去。"家人听了很担心，母亲更是伤心得整天以泪洗面。

这个家庭原本只有一个病人，现在却多了三个有心病的人。我向那位想不开的年轻人说："人生不是只为一个人而活，你和太太数年的感情，她生病你就想死；父母亲和你有三十多年的亲情，把你抚养长大，照顾你、疼爱你，你一有病痛，他们就伤心得肝肠寸断，怎能忽视这数十年的亲情呢？"

"人难免会有病痛，妻子既然生病，你就要尽丈夫的责任，再来就是随顺因缘。现在医学发达，尽力为她治疗，若是业缘如此，也要为她祝福。重要的是让父母放心，万万不可以断送数十年的亲情和养育之恩。"

自杀，会伤透父母心，让他们承受白发人送黑发人的痛苦。有的人以为自杀之后便一了百了，其实是"没完没了"，不仅无法解脱，还会加重罪业。从佛教因果观点来说，自杀是毁伤生命，等同杀人罪业；此外，毁坏父母给予自己的身体，如此不孝，还要罪加一等。

　　倘若自杀未遂，不仅无法解脱，反而造成终身残疾，让家人陪着受苦，增添父母的折磨，也加深自己的罪业，业报累积，罪业会生生世世延续，到了来生，心灵还会继续承受忧郁或急躁的困扰，不知要偿还几生几世才得报尽，所以这是条行不通的路。

　　遇到挫折，既然有勇气寻死，为什么不能提起这分勇气面对、处理困扰？如果能试着勇敢地付出爱，普天之下还有很多人爱我们，也有很多人需要我们去付出爱。珍惜生命，让生活中充满爱与被爱，人生一定很快乐!

顾好慧命,自律以为人生负责

《论语》记载孟武伯问孝。子曰:"父母唯其疾之忧。""疾"就是疾病——身体的疾病、心灵的疾病;父母担心的就是孩子身体有病痛,或是走错人生方向。我们若要做到孝顺,除了保持身体健康,也要心灵方向正确,自立自强,让父母放心。

慈青篮球队有一位陈同学,他的妈妈患有小儿麻痹,双脚不良于行,靠做手工艺和公家机关的残障补助金维生,家境清寒。他知道家里状况,所以选择有建教合作的学校,白天打工,晚上读书,很上进、乖巧。

这个家庭虽然辛苦，但乐于行善。多年前，陈妈妈看到慈济人举办捐髓验血活动，她立即响应，也加入慈济，生活克勤克俭，希望多少能捐钱助人。

由此因缘，慈济人与这个家庭较有接触。志工发现虽然陈同学星期六、日都会回家，但是不太和妈妈互动，感觉比较疏远；也察觉到他有些自卑，于是邀请他参加慈济篮球队，透过团体中的人群互动，打开心胸。

在慈济篮球队中，有很多担任队辅的志工爸爸、妈妈，每周陪伴这些青少年，其中有一对周居士夫妻，发现陈同学常常自我孤立，有时甚至口出秽言。因此两人用耐心、爱心接近，才知道他经常抱怨社会对贫苦人家的歧视，以及工厂的工作如何辛苦。

于是周居士夫妻带他慢慢体会慈济人文，建立正面的想法。诸如慈篮在每周练球的前一个钟头，一定会一起读"静思语"，并且参与慈济的人文课程，分享许多温馨的故事。

每个月还固定去环保站做一次环保，也不定期到养老院陪伴老人家，或是打扫疗养院或孤儿院。藉由这些关怀活动，让孩子们知道还有很多人生活得比自己坎坷，从中领悟自己是有福的人。

有一次，周居士的妻子单独与陈同学谈话，言谈中，听得出陈同学并不完全懂得妈妈的心，所以她说："你知道吗？我怀孕的时候多辛苦啊！何况你的妈妈有小儿麻痹，实在无法想象她怀你时经历了多少不方便！"试着以自身的经验启发、引导陈同学贴近妈妈的心。

之后，陈同学逐渐打开心房，更加把握时间为自己的前途努力，认真读书，存下打工的薪水孝敬妈妈。他的生活虽然过得辛苦坎坷，却知道立志、自爱的道理，为自己负责，我相信这就是幸福、有希望的人生。

所以，自爱还须顾好自己的慧命。倘若行为不端，不务正业，浪费时间；在外结交损友，违法犯纪，所学都非正途，也是不自爱、不孝顺。

不务正业的孩子，晚上四处闲晃，喝酒赌博，白天才回家睡觉，让父母徒增烦恼。做了坏事，触法犯案，被通缉流亡，乡里会想：我们地方上怎么会出现这样的人？更让父母充满无奈与惭愧。

曾看到一则报导，有位六十多岁的父亲，从小溺爱独子，养成儿子不负责任的态度。以致三十多岁的成年人，吸毒、赌博、喝酒样样来，游手好闲，让年迈的父亲赚钱，供他花用。

老父亲能做什么工作呢？每当有婚丧喜庆或迎神庙会时，他就帮人举花圈、拿牌子。赚了一千元，儿子就向他要八百元；若是多跑几场，多赚一些，就拿得更多。有时没工作，儿子酒醉回家甚至会殴打他。老父亲即使伤痕累累，却是一再容忍。

有一天，老父亲工作时忽然感到身体不适，提前回家休息。儿子知道父亲没去工作就领不到钱，便使起性子，拿棍子打得他鼻青脸肿。隔壁邻居看不过去，请警察来，受伤的老父亲还为儿子说情！

这样的父母虽然有爱,可惜缺乏智慧,太过宠溺,实际上也是害了孩子。但是人不怕犯错,怕的是不改过;只要能从过错中忏悔觉悟,改往修来,自然有光明的希望。

彰化有位人称"少年师兄"的涂居士,从小就是问题少年,经常打架闹事,进出少年监狱,有如家常便饭。

他每次进出监狱,总又学会一套做坏事的新方法,脾气却是丝毫未改。在狱中也是争作老大,不断闹事、打架,连狱方都无法可治,只好将他关在单人房,与人隔绝,不见天日。

他在房里无所事事,随手拿起一本《静思语》。看了之后,如梦初醒,心慢慢定下来,又看《人有二十难》,渐渐了解:只要肯向上,世间没有困难的事。他体悟到自己过去的人生,常常埋怨、憎恨,所以一直沉沦;不是别人不给机会,而是自己不肯上进、努力,不懂得好好地把握。

出狱后,他知道父母恩重难报,想要弥补过去犯的错,于是回到家中帮爸爸务农。在橘子园剪枝桠时,每动手剪一次,便开口念一声佛号;再也不会被外在的力量诱惑而掉入陷阱。爸爸看到儿子重新做人,心中十分开心。

有位黄居士,与涂居士遭遇很类似。黄居士小时候,爸爸酗酒,喝醉后就殴打妈妈。当时他很心疼妈妈,发誓将来长大,一定要庇护、孝顺她。

黄居士虽然从小就有一分善念,但是社会复杂,善良本性易被熏染。他在成长过程中，被一群坏朋友影响，吸毒、打架等等不好的行为，都学会了；最终难逃法律制裁，入狱服刑。

他身在狱中，仍不懂得改过，什么事都看不顺眼，听不顺耳，动不动就与人冲突，常常被处分。他心想："一切都是别人的错，为什么惩罚我？"或是带着"有朝一日，不要让我碰上！"的心态，反而愈来愈凶狠。

当许多人都认为他已经没有希望，前途黑暗时，他的妈妈还是常去探监。有时他闹事被禁见，黄妈妈见不到儿子，就透过写信，字字血泪，劝孩子学好。

慈济人经常到监狱分享更生人（指刑满释放人员，蕴含希望改过自新之意。——编者注）忏悔向善的真实故事。黄居士听过这些分享后，渐渐相信：世间比他更狠、更坏，一错再错的人都可以改变，他同样也做得到。但真正重新启发他心灵深处的善念，是一位慈济人分享自己的弟弟如何因为赌博、吸毒，欠债被追讨，最后被杀害的生命经验。这位慈济人说起自己的弟弟，那分心疼、悲凄，让黄居士想起小时候，想要庇护妈妈，不让妈妈伤心的念头。

接着想到长期以来，自己不断地折磨、伤透妈妈的心。然而，哪怕被关在狱中，妈妈还是一次次利用探监的时间苦心规劝："你要改喔！在狱中要有规矩，要听话，不要跟人家吵架。"自己却依旧不将妈妈的话放在心里……

这时他才恍然大悟，痛下决心悔改，于是问慈济人："我能做些什么？"那时我们刚好在推动捐髓验血的活动,便鼓励他抽血检验,若有因缘配对成功,就能捐赠骨髓救人。

有心有福,有愿有力,检验后,果真配对成功,圆满捐髓的功德;事后,他也勇于在众人面前忏悔,分享人生经历,毫不遮掩从前的过失,愿意洗涤心中的污垢。

他出狱后认真工作,从小生意开始做起,努力建立一个温馨的家庭,让妈妈安心;也期待能投入慈济团队,把爱汇入慈济大家庭,圆满救人的善念,与最初的孝心。

人生不是沉沦了就无法自拔。只要心中有善念,行中有正法,就能自救、自爱,戒除恶习,重启人生希望。

行正业正道,让父母以子为荣

"万般带不去,唯有业随身。"我们带不走世间有形的名利、权势,无形的善恶业力却紧紧跟随。所以要自爱,谨慎选择从事的职业,注意自己的所作所为,是否为"正命"。

曾有对老夫妻来看我,说他们的儿子很孝顺,经营电动玩具店,生意稳定,每月都给他们不少钱。我忧心地说:"许多年轻人沉迷于赌博性电动玩具,荒废了学业,也伤害了身心呀……"

老先生听了我的话,回去告诉儿子:"你这个月不用给我钱,如果真的孝顺我,就赶紧结束营业,我们不能为了享乐而伤害青少年的身心。钱赚再多,以后也带不走,做人求个心安最好,你就不要再经营了！"他的儿子听了，即日就结束营业，这是一分很大的勇气与决心。

我们若肯用心，心转，业力就转。慈济有对陈居士夫妻，多年前以经销保丽龙免洗餐具为业，当生意正旺盛时，每个月的收入相当可观。

他们听到我提倡环保，呼吁大家不要使用免洗餐具，很认同，因此陷入环保与家计两难中，十分挣扎，经过一段时间的思考，待家中经济状况较为稳定后，便决意结束这项生意。

起初，陈居士的母亲不能谅解，认为生意做得那么好，突然关店不做，会让别人以为生意失败，觉得很没面子；而且儿子、媳妇不仅把店收了，还投入环保回收，更会让不知情的人以为：不但生意做到倒闭,还沦落到捡垃圾的下场。所以陈妈妈有很长一段时间不敢出门,但陈居士夫妻坚持:"对的事情,做就对了。"也只能用"孝顺的沉默"面对妈妈。

所幸慈济大家庭的成员,陪伴陈妈妈慢慢地改变想法,进一步带动她投入八德环保站做环保,开心地奉献良能;陈居士也能同时圆满行孝与行善。

父母期待孩子反哺报恩,有时候并不是以金钱、物质为考量,而是期望孩子正正当当地做事,日子过得心安理得,平安快乐。有位单亲妈妈,就做了很好的示范。

这位妈妈辛苦地抚养儿子长大,栽培儿子学业有成。虽然家境清苦,不过母子相依为命,日子也过得很平顺。

有一天，儿子下班回来对妈妈说："妈妈，您太辛苦了，我从小到大都没有让您享福。看！我们家的装潢这么简单，现在朋友邀我一起创业，如果成功了，就可以将家中重新装潢得很漂亮，而且新家具、电器用品应有尽有，妈妈想要什么就有什么。"妈妈听了问儿子："你做这份工作，赚的是不是正当的钱？"儿子说："钱是正当的，不过可能对别人有些不公平。"

这位妈妈很有智慧地告诉儿子："儿子呀！每天早上都是妈妈叫醒你的，是不是？"儿子说："是啊！妈妈，您问这做什么呢？"

妈妈说："我每天在厨房准备早餐，看你上班时间快到了,就在厨房叫你,叫了好多声,仍然没有回应,总得跑上楼把你摇醒。虽然常常看你睁开眼,还是一副睡眼惺忪的模样,却是每天让我觉得最踏实的一件事。我不希望你做了这份工作之后,每晚睡不着,当我到你床边,就看到你眼睛已经睁开了!"

儿子听了恍然大悟,他说:"妈妈,我知道了,我不会做让您担心的事。我们母子辛苦一些没关系,只要心安,日子就会过得很快乐,是不是?"妈妈欢喜地说:"对,让妈妈心安就是孝顺。欲望不能太大,只要够维持生活,问心无愧,就是幸福啊!"

我们凭能力赚取合理的报酬,不要做让自己"心不安、睡不着"的事;倘若做了亏心事,即使得到再好的物质享受也没有用。人生的享受如泡沫,又如夏日的白云、无芯的芭蕉树,更像虚幻的魔术,有什么是真实的呢？若能关闭欲望之门，自然过得平安快乐。

子女走在正向的人生道路上，让父母安心，同时也是尽孝。在家居士成家立业，回报父母，只要选择正当的事业，即便身在俗世，也能于菩萨道上精进。

《孝经》也说："身体发肤，受之父母，不敢毁伤，孝之始也；立身行道，扬名于后世，以显父母，孝之终也。"我们内修外行，扬名于世间；道风德香，让人人赞叹，并知道我们的成就来自父母的德行与身教，这就是传统儒家所说孝的极致。

倘若我们在工作之余，还能尽心尽力照顾大地苍生，相信父母亲不但会感到安心，也会感到欣慰。有位参与慈济义诊的医师曾分享："当妈妈听到我要参加义诊，高兴地说：'很值得了！我磨破手皮（闽南语，意谓辛劳工作）抚养你三十多年，今天你能这样做，我的辛苦就值得了！'"相信每位母亲听到孩子要为社会付出，应该都会有同样的心情。

慈济医院有位王医师，虽然年近五十，但是父母还是常叮咛他："身体要照顾好，才有体力照顾病人。"住在屏东乡下的王爸爸和王妈妈，每天除了祈祷孩子身体健康之外，也祈祷他能够妙手回春，助人恢复健康。

有时王医师到南部开会，却没有时间回老家探望父母，爸爸妈妈还是很包容，也很放心，当他们知道孩子身体健康，以病人为重，成为病人口中的活菩萨，就感到十分欣慰。

有一年农历春节，王医师对我说："年节时回屏东老家，陪伴母亲三天，也陪着拜访几位亲戚。"对王爸爸和王妈妈而言，尽管孩子一年当中难得回家几趟，但年节时陪伴他们就已心满意足。

王医师平时孝顺父母的方法，是视病如亲：视天下老者如同自己的父母。因为王爸爸与王妈妈知道孩子的职业是守护生命、守护健康，为众生、人群付出，所以有次他们来到精舍对我说："师父，我们感恩您疼爱他，还教导他利益众生，我们已经很满足。平时无法回来看我们没有关系，照顾病人比较重要。我们都健健康康的，他应该去帮助需要帮助的人。"

王医师的妈妈甚至对他说："能生下你，我感到很光荣。"可知立身行道，以荣耀父母，比起只给予父母金钱、豪宅更有意义。

现代社会有很多人离乡背井，在外地工作或求学，无法长侍尊亲左右。尽管如此，为人子女者，对父母的爱一定要表达出来，除了将自己照顾好，让他们安心之外，也要在课业或工作之余，为社会付出，让他们以孩子为荣，这也是离乡背井的儿女尽孝的方法之一。

第四章

礼敬侍双亲

孝顺,不只是物质的奉养
重要的是由衷的敬重
子女对父母展露真心的笑容
对父母而言,就是世上最温馨、贴心的表情

摄影／李白士

孝顺要表达在温和有礼的声色

《论语》里有一段记载，子游问孝，孔子回答："今之孝者，是谓能养，至于犬马，皆能有养，不敬，何以别乎？"在孔子的时代，所谓"孝"，就是可以供养父母，然而，这样就算尽孝了吗？狗和马等也一样有人豢养，若不以尊敬的心奉养父母，和畜养犬马有何差别？所以，孝不只是物质的奉养，还需要由衷的敬重。

孔子的回答其实很简单，但是我们能不能做得到？有些人为了炫耀孝心，为父母买了很多奢侈品，反而造成铺张浪费；有些人自认孝顺，但若问他对父母说话是否轻言软语时，他会说："父母都是自己人，何必说什么谢谢、感恩，也不需要特别轻声细语吧？"还有人认为老人家就是"老番癫"，或者是会失智、退化，所以当年长的父母多说几句话时，还会大声地顶撞："你们老人懂什么？""老人家不要管这么多！"甚至称呼自己的父母、公婆为"我家那个老查某"、"我家那个老查埔"（编按：闽南语"老女人"、"老男人"之意），这些都极不礼貌。

在某些家庭的客厅中，有时会看到以下的情形：孩子坐在沙发上，跷着二郎腿，妈妈端来牛奶说："赶快趁热喝了吧，再不喝就快凉了！"但孩子却一边盯着电视一边说："放着！放着！"反而嫌妈妈啰唆。假如将两人对调，换成妈妈坐着，儿子端着牛奶说："妈妈，请趁热喝一杯牛奶。"这样的画面是不是美多了？

行孝应该要做到"孝而有礼"：以恭敬的行仪、

礼节侍奉父母。恭敬就是诚心诚意，发自内心尊重、敬爱的付出。诸如我们为父母备妥餐点后，不能对父母说："帮你煮好了，赶快去吃。"然后就自顾自地去做自己的事，如此都不是有礼的行为；而应随侍在侧，以备父母有何需求。

为人子女理应让父母感到欢喜、安心，所以在脸色、声音、态度上，务必要留意。然而，孔子也说："色难"——和颜悦色地表达孝心并不容易，很多子女虽然知道父母辛苦，但是却不好意思或不太习惯轻柔体贴地回应，总是要旁人再三鼓励，才能勉强做到。明明有一片孝心，却因为不善于表达而打了折扣，真的很可惜。

我相信只要抱着诚恳柔和的态度，即使没有太多言语，父母也能感受到子女的心意；有时，甚至不需要特别多做些什么，只要子女能够展露真心的笑容，对父母而言，就是世上最温馨、贴心的表情。

此外，即使华人的民族性比较保守，亲子之间有时仍会将话藏在心中，说不出口，我们也要及时表达对父母的敬爱。

慈济举办亲子营，是希望让亲子都能在营队中学习表达情感。有次我在慈济医院，偶遇一位参加亲子营的同学，我问他："这几天有什么心得？"

他表示妈妈对营队的课程分享很感动，常常哭得稀里哗啦，自己虽然也很想哭，可是身为男孩子，不好意思落泪；还有平常想对妈妈说的话，总是说不出口。我鼓励他："现在可以弥补，将内心对父母的感恩和感动都说出来。"

我想很多年轻人应该和他一样，不好意思对父母说出内心话。我认为内心的情感要表达出来，让彼此能感受、受用，才是真正的感情；若只是放在心里，就很可惜。

西方国家的年轻人比较活泼，经常给父母大大的拥抱，时时将"爱"挂在口中，说："爸爸、妈妈，我爱你！"感觉十分亲昵。其实不只孩子要勇于表达，父母亲也应该对孩子说出内心的爱，共同营造一分亲密的亲子情。

在演艺界颇有名气的陈淑丽女士，形象端庄，进入慈济前，即已发心担任董氏基金会的长期志工。

她乐于行善，也很孝顺，只是总将爱放在心里，没有说出来，妈妈无法知晓，当然也无法欢喜接受，这是"空心"的孝，无法让妈妈感觉踏实。

为了说出一句"妈妈，我爱您"，她在心里反复思量一两年的时间，有次终于鼓起勇气，透过电话说出这句话；妈妈虽然开心，却也吓了一跳，担心女儿是不是发生了什么事。由此可知，她的举动带给妈妈多大的惊喜。

光是透过电话对父母表达敬爱，还是不够；应该当面给他们一个拥抱，不必害羞，更不用觉得不好意思。如果平时多以行动表达，比如走路时，将爸爸妈妈牵好、扶好，更能让父母真实感受这分心意。

我们小时候依偎着父母,妈妈会将我们紧紧抱在胸前;爸爸也常常背着我们,让胸口贴靠着他的背、脸颊枕着他的肩。不论背着、抱着,都是父母亲用行动表达出对子女的爱,亲子之情自然流露。

等我们年纪稍长,却无法对父母说出感恩的话,总是认为:太肉麻了!待年纪更长,就更疏远,甚至离家居住,让父母独居。亲子间不能很大方地表达出爱与感恩,多令人遗憾。

无论是父母或孩子,只要是真情流露,没有什么不好意思;但是也不要认为反正是一家人,所以大吼大叫也无妨。态度上能够温和有礼,感情上也能贴切合宜,才是适当的表达方式。

记得一位参与慈济亲子营的林先生分享：营队第一天，授课讲师安排亲子们相互拥抱。他一开始并没办法拥抱儿子，因为孩子长大了，两人对这样的身体接触显得生疏，有些害羞；之后在讲师带动下，父子俩才自然地拥抱。这一个温暖的拥抱，是他们人生一个新的起步。

我认为即使孩子长大了，亲子间也应该常常拥抱。因为孩子是父母心灵的依赖和寄托；父母支撑起一个家，子女则支撑着父母的心。如果普天下为人子女者，能体会父母的心，主动拥抱父母，并表达感谢、感恩！虽然只是一个小动作，相信父母就心满意足。

不论是为人父母或为人子女者，期待人人跨越心里的障碍，打开心门，表达内心最纯真的情和爱。

用母语交谈展现对长辈的尊重

我常鼓励大家多说母语,其中包含一分体贴长者的心意。语言是感情交流的工具,母语则是家中长辈惯用的语言,很多阿公阿嬷甚至根本听不懂母语以外的话。我们若能多说母语,彼此不仅能沟通无碍,也会让长辈感到开心。即使长辈能听懂其他语言,用母语交谈,也是我们尊重长辈的表现。

台北有位杨居士,与爸爸、妈妈、岳父、岳母与养母同住。家中长辈,每位都有八十岁以上,合起来四百多岁。俗云:"家有一老,如有一宝",他家有"五宝",真是一个具足福慧的家庭。家中每位老人家都身体健康、行动俐落,而且因为有伴,心情每天都很快乐。

他的太太用心照顾家庭、孝顺长辈;但有时因为发音的关系,彼此理解稍有落差。比如有回杨居士的父亲拿着杯子,用闽南语对媳妇说:"有水吗?"媳妇说:"美啊。"(编按:闽南语中,"水"、"美"读音相近)虽然有点"牛头不对马嘴",但是只要勇敢开口,即使是沟通上有误解,也十分可爱。

有时候老人家的母语发音,连中年的子女听了都可能产生落差,何况是再下一代的孙子。虽然现在年轻人大多不能流利地说母语,可是不要害怕说出口,有时说得不标准,让听者莞尔一笑,也是一种与人结好缘的方式。

委婉劝导父母偏差的观念行为

顺从父母是"孝",也要运用智慧,将他们引领至人生正确的方向。

为人子女供养父母,可以分为两项。一项是世间物质,照顾父母的身体健康;一项是超越世间的物质,属于精神层面的供养。诸如《地藏经》里的光目女、婆罗门女,救拔母亲的苦难,发愿救度众生,这都是精神上的供养,增长父母的慧命。所以我们要恭敬地侍奉父母,更要循循善诱,让尊亲行于善道。

从佛法而言,"孝"要让父母亲去除无明,智慧成长。悉达多太子悟道成佛之后,为回报亲恩,曾回到迦毗罗卫国度化他的父王,让父亲入佛门、修持在家居士的戒规,以此回报父恩;但母亲摩耶夫人在佛陀出生七日后,便舍报往生忉利天,佛陀直到入灭前一年的结夏安居期间,思及自己在世上度化众生的因缘将尽,为报母恩,遂入定至忉利天为母说法。

佛母看到佛陀前来,内心很欢喜。佛陀告诉母亲:"您在忉利天宫享天福,希望您能再精进修行。因为天福若享尽,还是会堕入轮回,苦痛无有休止;唯有勤加修行,断除六道轮回的生死根,才不会有无常的种种烦恼。"

佛母问佛陀:"修行可以断除生死,但世人是否人人都在修行？"佛陀回答："世人多贪欲、瞋恚、愚痴，能接受佛法、净化自心的人不多。贪瞋痴三毒是人们无始以来的无明，要断除确实很难；但只要透彻地了解真理，依法修行，体悟真谛，还是能降伏无明烦恼，日渐进步。"

佛陀遂于忉利天宣说《地藏经》，让母亲和天人们知道人生的苦相，和众生于六道沉浮不定的因缘。《地藏经》描述人间和地狱种种的因果，完全出于人心造作，故有种种不同的果报。佛陀希望母亲不只是天人，还能够有因缘超越天堂。佛母在天宫亲闻佛陀的开示，发心精进，因而证得初果。

即使觉悟成佛，也要回报父母恩。佛陀至忉利天度亲报恩一事，更让我们体会行孝是做人的本分；

接引父母行菩萨道、深入佛法,是回报亲恩最好的方法。

大林慈院的志工曾分享一件个案:有位住院病患和儿子大声争吵,志工赶紧前往关怀。深入了解后,才知道这位父亲从年轻时就爱赌博、签六合彩,至今仍沉迷于乐透。现在因为生病行动不便,叫儿子帮忙下注,儿子苦苦相劝仍无效,愈劝火气愈大,父子俩因此吵了起来。

记得数十年前,有位慈济委员的养女因为罹患癌症而开刀;手术后,依然没有恢复健康。她说在手术麻醉后的昏睡过程中,看到很多血淋淋的鸡鸭在啄食她的身体,感到十分害怕。

原来她的公婆很爱吃鸡鸭,结婚二十多年来,每天餐桌上都少不了这些料理,所以她几乎每天都要宰杀家中所养的鸡鸭。她问养母:"是不是这些生灵向我索命?"也曾问我:"师公,虽然我很孝顺,但是毕竟杀害了这么多生命,现在是业报来了吗?"

我对她说:"孝顺父母、公婆,是做人的本分,恪尽孝道,会有福报;然而生命平等,不论是动物或人,同样都是生命。杀生的罪很重,因此会有多生的业报,不如甘愿地在此生受完,不要留到来生。"

孔子说:"事父母,几谏,见志不从,又敬不违,劳而不怨。"父母的行为若有偏差,子女应当委婉劝导;若不听劝告,仍要恭敬尊重,不可忤逆,并默默地设法弥补;即使耗费许多心力,也不要有丝毫抱怨。

曾有位企业家因为看到慈济人信守十戒,男众行为端正,女众慈悲柔和,深受感动而改变自己,并提供家中场地予慈济人共修,也希望家人多与慈济人互动。

此后,他谈话时难免时常提及慈济,每当电视上出现暴力,或是其他不好的画面,就赶快转到大爱台,以免家人受不良影响。然而家人不但不领情,甚至对他的做法产生反感。

一日,这位居士的母亲眼见孩子们冲突不断,于是对他说:"不然你们分家吧!"同时也对慈济人说:"我知道慈济都在做好事,但是我儿子不只自己素食,还会强迫、要求全家一起素食,让家人相当困扰。你们能不能想个办法，找其他地方聚会，让他们兄弟能恢复从前的和睦？"

这位居士心想：自己扛起家业，事业成功，为什么家人不能接受他的善意？慈济人知道了他的烦恼，赶紧说："行善与行孝要并行，不能为了行善，失去家庭和乐，让母亲烦恼操心；而且母亲还健在，兄弟就分家，岂不是有违孝道？"

他觉得有道理，既然要做慈济人，应该兼顾行善与行孝，于是先向家人忏悔，也与慈济人将共修地点迁往他处，希望母亲安心。运用善巧方法护持慈济，渐渐地兄弟感情重新和睦，母亲也愿意随他去共修，投入志工行列。

这位居士能接受善法，转烦恼为菩提，及

时改变，不仅自己精进，也能尽心尽力地敬顺父母，引导母亲也同行菩萨道，真的是行善行孝平行。

第五章

善体慈亲意

竭尽心力让父母欢喜、满父母心愿
与父母为子女的辛苦付出相较
不过是一点点的回报,甚或尚不足以称作报答

摄影/释德需

晨昏定省，尽本分在平常生活

数年前，慈济因为冬令发放的因缘，走进大陆河北省涞源县。河北冬季严寒，有时涞源的低温降至摄氏零下十几度，当地乡亲为了领取冬衣、棉被，半夜就得冒着寒风出门，还曾有人饿着肚子走到发放地点，体力不支而晕倒。慈济人不忍乡亲在冷冽天候中长途跋涉，特地准备了一碗碗热腾腾的香积粥，为乡亲们带来温暖。

有位女士吃了两口后，赶忙将碗盖起来，志工问："怎么了？吃不习惯吗？"她说："不是，太好吃了，我要带回去给婆婆吃。"

这位媳妇的孝心，让我想起林洋港先生的夫人。早年我为了筹备兴建慈济医院，曾到当时担任"内政部长"的林先生家中拜访。在我的想象中,"部长"夫人应该是很享受的贵妇,没想到他们府上并未雇请佣人。林夫人为了让久住乡下的婆婆在台北能吃得习惯、住得舒服,每天都亲自买菜、煮饭,照顾一家人的生活起居。

林先生的母亲也说:"孩子很孝顺,每天晚上都会陪我吃饭;第二天早上出门前,会先到我房间问安。媳妇手很巧,什么都会做,我现在穿的衣服,都是她一针一线缝制而成。"言谈间洋溢着幸福。

看到林夫人的手并不细致白皙,指甲也剪得短短、磨得平平,却是我看过最美的一双手。

他们在公馆里还养了小鸭,因为刚出生,需用灯光保暖。林夫人说:"为了让老人家习惯住在大都市,所以要有些家乡味。养这些小鸭子是让婆婆当作消遣,老人家看到这些小鸭子就欢喜。"

虽然看似平常小事,却可见媳妇善尽本分,体贴婆婆的心意,能让人感受到和谐的天伦之乐。

朝夕散步,好一幅温馨亲子图

为了让父母欢喜,慈济医院的简医师,也有一段很温馨的往事。

简医师小时候原本想成为兽医,但是想到爸爸有骨头酸痛的毛病,而且人到老年,骨头磨损久了,多半需要照料,若能成为骨科医师,不只能照顾自己的父母,还可以嘉惠更多老人家,因此志为人医,钻研骨科。

由于家境并不宽裕，简医师在学医过程中勤奋耐劳，吃了不少苦；每当家境优渥的同学问起："你的父母做什么生意？"他就戏称务农的爸爸是农牧场主任。

从小到大，父母亲总是因为农忙，没办法参加他的毕业典礼。当他从医学院毕业时，为了和家人分享这分喜悦，便将学士服借回家，在养鸡场外请爸爸也穿起西装、打领带，一起拍下毕业照。

当我看到那张照片，仿佛走进时光隧道，感受到动人的亲子情。这张留下温馨往事的相片，格外珍贵，恰好为父慈子孝作最好的见证。

记得过去在静思精舍附近,也常见到一幅温馨的"父子图"。有位年轻人与父亲住在精舍不远处的康乐村,父亲已中风多年。每当我由小路前往慈济医院时,经常看到他用轮椅推着父亲在外散步,无论清晨或黄昏时刻,都曾遇见。

有次他父亲的病复发,送到慈院治疗。那天我到医院,遇到与他父亲同病房的患者说:"有位年轻人非常孝顺,将他父亲服侍得无微不至,让人看了好羡慕!"那时,我还不知他们口中的年轻人是谁,刚好在走廊上看到他送父亲回来,才知道原来就是经常在路上遇到的那位。

平常人推轮椅,总是挺直身子站着推,和病人有一段距离,而他却弯身贴近父亲。我称赞他很孝顺,他说:"这是应该的呀!"言语和表情都让人感受到他内心的真诚,将侍奉父亲当成应尽的本分,没有丝毫厌烦,这就是尽孝道。

人间最美是温情,这些温馨的亲子情,不只是白纸黑字的故事,还深印在我的脑海中。

圆满所愿,偕亲行旅大江南北

大陆有位人称"现代孝子"的王先生,对待母亲温柔体贴、恭敬孝顺。他的孝行,堪称现代人的典范。

王妈妈出生于一九〇三年,高龄已一百余岁,因为娘家贫穷,三岁时就成为童养媳。被收养没多久,就因为罹患天花而一眼失明,被弃置街头;虽然命大不死,养父母无奈地又带她回家,但是依旧毫不疼惜。

到了十七岁成婚,先生身体却逐渐虚弱,经常卧病在床,她遂肩负起养家的责任。

尽管先生身体不好,夫妻俩还是生了九个儿女;在先生往生后,她独力养大这一群儿女。孩子们都知道母亲的辛苦,所以非常孝顺。

如今,王先生每天背着母亲在村子里散步;为母亲量血压,只要血压稳定,就在她耳边轻声说:"正常,没问题。"每当王先生的孩子们要吃东西时,都会先问:"奶奶吃了没?"他的孝行,正是孩子们最好的身教。

有一回，母亲问起外面的世界，王先生心想：母亲从年轻辛苦到老，从来没有离开过村子，现在对外面世界感到好奇，一定要带她出门看一看。无奈家境贫穷，这个梦一直无法实现。

直到母亲九十多岁，又提起外面的大城市，王先生毅然决然向信用合作社贷款，一定要完成她的心愿。人家问："你借钱做什么？是不是要买地耕田，还是有其他用途？"王先生回答："我要带妈妈出去看一看。"

大家虽然感到不可思议，但是仍然被这分孝心感动，又知道他平时对母亲总是无微不至地照顾，所以除了合作社借他的三千元之外，其他亲友也凑了一笔钱，成就他的愿望。

即使旅费不多,他还是背着母亲出发,前往南京,参观长江大桥和中山陵等风景名胜。到中山陵时,周遭的游客看到年逾六十的王先生,都认为他无法背着母亲爬上山,但是他依旧背着妈妈一步一步地往上爬;每到休息的平台,就要喘息十数分钟,才能继续向前走,让人看了非常感动。

过了几年,妈妈在电视上看到天安门,又问儿子:"北京的天安门与南京的长江大桥,哪一个好看?"儿子知道母亲的心思,又想到母亲近百岁了,陪伴她的日子愈来愈少,于是再度规划前去北京参观的旅程。要去北京,仍然需要一笔旅费,不过天下无难事,真诚的心、坚定的信念,让他们圆满了这分心愿。

有人问他:"是不是因为妈妈过去太辛苦了,才如此回报？"他说："小时候妈妈将我们抱在胸前，用母乳喂饱我们，即使日子过得再苦，也努力抚养我们长大；我们这一点点的回报，和妈妈吃过的苦比起来，哪里算得上是报答？"王先生的孝行，真是令人赞叹。

第六章

纯孝赤子心

大自然有高山、溪流、大海
呈现高低错落之美
家庭里长幼有序、敬重长辈
赤子孝心洁净无瑕,展现人性之美

摄影/蔡淑婉

树立孝亲楷模，须从自己做起

树立孝亲楷模，须从我们对待父母的态度做起。"父母是孩子的模"，孩子成长过程中，往往先以父母为榜样。我们的一举一动，都是对儿女的身教。当儿女看到父母对祖父母或家人不好的态度，会有样学样；尽管父母已经知道自己错了，但却没有表达忏悔之意，就容易一错再错，孩子也会以为那样的态度是对的。

宜兰有位林居士，常常与妻子吵架，让家中长辈忧心，左邻右舍也议论纷纷。他们以为年幼的儿子什么都不懂，其实孩子看在眼里，听进耳里，内心很清楚。某日林居士的孩子对姑姑说："能不能去住姑姑家？我讨厌住家里，我不要这样的爸爸妈妈！"

林居士夫妻走进慈济之后，开始自我反省，不但改掉坏脾气，也渐渐重视家庭教育，如今这个家庭已经很圆满。现在姑姑问孩子："你怎么不再来我家住？"孩子反而说："不要了啦！我家已经很幸福了。"可见夫妻相处融洽，亲子间也和乐温馨。

《杂宝藏经》里有则故事：佛世时，波罗奈国有一种习俗，当父亲六十岁生日时，孩子必须送毯子给父亲，因为从这天开始，被视为无用的老年人就必须在家门外顾守。

有对兄弟的父亲，即将年满六十岁，哥哥对弟弟说："父亲生日将至，你快去准备一条毯子。"过两天，弟弟拿了半条毯子给哥哥，并说："大哥，再过几年，你也要六十岁了，我担心到时候侄子不懂得准备，所以先准备好，等到你六十岁时，再将另外半条毯子交由侄子拿给你。"

哥哥听了很吃惊,知道弟弟是在暗示不应该如此对待父亲。父亲一生辛苦,为家庭打拼,年老了就该在外顾家门吗?人生本来是苦,老了又是另一种苦。老苦又被遗弃,真是苦上加苦,实在应该除去此一习俗。

于是这对兄弟探访一位很有名望的长者,诉说父亲的处境与内心的烦恼。长者深觉此风不可长,应当改革,遂建议国王取消这种陋习。国王听后,觉得十分有道理,人人都应当善尽孝道,让父母安度老年,遂发布命令,取消这种习俗,并呼吁人人孝顺父母。

为了在西方提倡孝亲人文,海外慈济人曾问:"西方文化内涵不同,重视个人独立思想,对父母是'爱',所以'孝顺'的道理,西方人恐怕不太能理解。"我认为"孝"是中国文化之宝,台湾人常说:

"吃果子，拜树头。"这一分饮水思源的文化，使人人重视孝道。于是对他们说："优美的人文应该传扬，也许他们不能理解，但是应该宣扬中华文化有孝而美的家庭。"

西方文化讲究平等，但是长幼尊卑不分，并非真正的平等。正如大自然有高山、溪流、大海，展现高低错落之美；家庭里也要有对长辈的尊重，才能展现人性之美。

常见美国的老人，年纪大了就去住养老院。许多美国慈济人带着子女到养老院关怀长者，当孩子看到老人家孤单落寞的样子，常常在回家之后对父母承诺："以后出社会，再辛苦也要将爸妈留在身边。"

慈济北加州人医会，有位宋医师，只要跟着人医会义诊,都会带着妈妈一同前往。宋妈妈总是坐在候诊处,亲切地招呼人。

宋妈妈气质高雅,是位谦和的老人家。宋医师就在离妈妈不远处看诊,每看完一位病人,两人相视而笑,用微笑打招呼。

中午用餐时,宋医师就像呵护小女儿一般,牵过妈妈的手问道:"你有没有吃饱?"当妈妈很满足说:"有,吃饱了。"才拿切好的水果喂妈妈吃,两人甜在嘴里,也甜在心里。

宋医师对其他义诊的医师说:"抱歉,我是妈妈的保姆。"原来宋妈妈有轻微的老人失忆症,所以生活起居,不论是洗澡、更衣、喂饭等,都是宋医师夫妻日夜轮流陪侍。

平常宋太太为了让宋医师专心看诊，负起照顾婆婆的责任；到了周末休假，宋医师心想岳丈、岳母也需要女儿回家陪伴，便请妻子回娘家，自己带着妈妈去义诊，行善也尽孝道。

他们夫妻恩爱，孝顺彼此的父母，懂得生命意义与爱的真谛；同时了解父母的辛劳，感念养育之恩，为人群付出，以发挥生命良能，回报亲恩。

静思语熏陶深，贴心帮做家事

每个人都希望生活在幸福的家庭，什么是幸福的家庭？其实只要父母能好好照顾、守护这个家，子女也能体谅父母亲的辛苦，就是幸福的家庭。

建立幸福的家庭并不难，比如说话前先想想，说出口后对父母有没有礼貌？对其他长辈、朋友、同学，会不会显得刻薄？口出恶言会伤别人，所以平时就要养成口说好话的习惯。待人接物，也要长幼有序，注意伦理。对长辈要尊敬；对平辈或晚辈，时常展现友爱、关怀的心意。假如对人人心存感恩，在家中自然不忍心让父母过于辛劳，会自动帮忙，尽心尽力减轻他们的负担。

欣见许多孩子在"静思语"的熏陶下，从小处开始改变自己。诸如有位年仅六岁的粘小妹妹在幼稚园上课时，老师以"静思语"教导他们：要尽自己的本分。她听一次就牢牢记住，回家后不仅自己换穿衣裤、整理玩具、将物品归位，还帮忙妈妈做家事；看到天色暗了，会打电话提醒爸爸："回家吃饭了。"爸爸回来后，她会贴心地倒茶水给爸爸喝。虽然年纪小,但是十分乖巧、善良,并且懂得照顾自己。

台南有位李小弟因为就读的学校有大爱妈妈推广静思语教学,所以不仅从中学习口说好话,还能将好话落实于生活中。

有次李小弟的父母吵架,他对爸爸妈妈说:"原谅别人就是善待自己。"因为这句话,双方各退一步,彼此原谅,停止了争吵。李小弟用"静思语"当了和事佬,真是父母的善知识。

另一位蔡小弟,则是用静思语的智慧改变妈妈。蔡妈妈平时事业繁忙,还有一对儿女要照顾,有时难免会将脾气出在孩子身上。但是这两个孩子非常懂事,常常希望妈妈改过脾气,生活过得更快乐。

有次慈济举办亲子生活营,蔡小弟请求妈妈陪他参加。妈妈在营队中看到孩子背诵静思语及活泼的表演,才发现自己的孩子既可爱又有智慧。从此,蔡小弟和姊姊不断鼓励妈妈接近慈济,只要妈妈参加慈济活动,家事就由他们姊弟分担。如今,他们一家人已经时常和乐融融地到环保站做资源回收。

屏东尤振卿老师是第一位将"静思语"融入教学的老师,他带过的一位小朋友曾分享:有次放学后经过电动玩具店,背着书包就想走进去,但是一脚刚踏进店里时,心里突然出现一句读过的静思语:"做好事不能少我一人,做坏事不能多我一人。"马上收回踏进去的那一只脚,转头跑回家。

回家后,见妈妈正忙着准备晚饭,就对弟弟说:"妈妈很忙,我们一起来整理房间。"于是将房间收拾得干净整齐。

"做该做的事是智慧,做不该做的事是愚痴。"——让父母生气、伤心就是愚痴。行孝并不难,好好地调伏心念,守规矩、合道理,照顾好自己,也帮忙父母分担家务,从这些小地方就可以做起。

人穷志不穷,成熟独立不怨叹

有人认为孩子之所以行为偏差,是因为家境贫困、父母离异,或是隔代教养,生活不正常等等原因,殊不知在这些家庭之中,不乏懂事与孝顺的孩子。

大陆有一位付小弟,爸爸视网膜剥落,却因家穷无法就医而失明,妈妈因此离家出走。他从小学二年级起,就与爸爸相依为命,为了守护父亲,天还没亮,就要帮忙准备洗脸水,接着煮早饭,打点好一切后,才背着书包,走很远的路上学。

放学后,也要负责所有家事——上山砍柴、煮饭,帮爸爸端水洗脸、洗脚。对于这一切,他都没有怨言地说:"爸爸是我唯一的亲人,我不能失去他。若能为爸爸做一点事,再辛苦也值得。"

慈济在高雄的照顾户中,也有一位年幼的陈小弟,同样乖巧懂事。

陈小弟出生后,尚未满周岁,妈妈就离家出走,从此陈爸爸父兼母职,身兼两份工作,照顾儿子长大。我们可以想象:一个大男人要养育一个不到一岁的孩子，还要外出工作，是多么困难。

　　陈爸爸喜欢喝酒，工作时也边做边喝，加上照顾孩子的辛劳，身体慢慢浮现病痛。虽然看了医师，开过刀，却一直没有改善。后来追踪检查，才发现罹患严重的类风湿性关节炎，病况只会恶化，无法康复。陈爸爸接到这样的"宣判"，想到孩子还幼小，真的不知道要如何面对。

　　陈小弟当时只不过三四岁，但陈爸爸的身体却日益恶化，肢体渐渐地僵硬，最后无法任意行动；只好开始训练孩子自己煮饭、洗衣服，希望他能够自己照顾自己。

　　陈爸爸在病榻上，用耳朵听孩子在厨房里如何切菜、煮菜，注意孩子在厨房里的工作。陈小弟不但要学会做家事,还要照顾爸爸。从他懂事以来,都是与爸爸相依为命,也发现爸爸的身体一年比一年差,所以特别独立、成熟。

他看着爸爸生病受苦,加上家境日渐贫困,所以对自己说:"尽量不让爸爸生气。"假如爸爸说了重话,动怒了,就赶快趴在爸爸身上撒娇,让爸爸消气。

陈小弟纯真善良,一片赤子孝心洁净无瑕,的确很令人尊敬。他生性乐观,即使看到同学们有父母疼惜、呵护,也从不自怨自叹,而认为照顾父亲、做好家事、用功读书,是应尽的本分。

慈济人知道这家人的状况后,便帮助他们改善生活环境;陈小弟很感恩,发愿长大以后也要帮助别人，尤其要帮助孤儿，因为自己从小就受苦，常常担心有朝一日变成孤儿，所以希望将来能帮助同样处境的孩子。虽然家境困难，但是陈小弟仍然心存善念。希望这个孩子能够永远保持纯洁的赤子之心，孝顺爸爸，一家人永远和乐，这是我们对这家人的祝福。

第七章

安享天伦乐

父母在世，恪尽孝道，阖家圆融幸福
父母不在，慎终追远，守好道德本源

摄影/潘玉玺

儿孙承欢膝下，回归数代同堂

"天上最美是星星，人间最美是温情"，家中阿公阿嬷、爸爸妈妈、兄弟姊妹同处一个屋檐下，彼此感情融洽，富有家庭伦理，长幼有序，多么美好。

回忆自己过去的生活，那个时代民风保守，人人重礼节、户户重家教，充满人文之美。我在丰原长大，从小必须学会裁缝、烧饭、煮菜，父母也严格教育我们尊敬长者的礼节。比如长辈来访时，要懂得称呼伯伯、舅舅、姑姑、婶婶等等，也要明白长幼次序；用餐时，更要懂得礼让座位，尤其不能占大位。

此外，传统社会较为保守。女孩子如果要出门，得先向父母报备，若父母微笑允许，并问："谁陪你去?"知道他们欢喜,才能放心出去,但仍须报告几点钟出去,几点钟回来;假如问了以后,他们还需想想,我会立刻说:"我可以不去。"

这种人生过程,现在年轻人可能觉得古板、不自由,不过当时却是很平常;如今回忆起来,也非常自在、充实。

现在社会以小家庭为主,我认为应该回归传统大家庭的美好。常常呼吁大家与长辈同住,无论是三代同堂、四代同堂,或是五代同堂都好。因为享受大家庭的天伦之乐,更能体会丰富人生。

而且"家有一老,如有一宝",当年轻父母外出上班时,幼小的孩子势必要送至托儿所或是请保姆照顾,徒增经济负担;若有长辈在家,不但能帮忙照顾孙子,还能传授许多宝贵的人生经验。老人家如同一座智慧宝库,人生的百科全书。我们若能回归数代同堂的传统大家庭,长辈能含饴弄孙、安享天伦之乐,儿孙也能承欢膝下,孝顺伦理即已在日常生活中传承。

记得台北慈济医院的病患中,有位六十多岁的王先生,年轻时为了养育五个孩子,背负债务,别人做一份工作,他要做三份,一路走来非常辛苦。

自二〇〇四年十一月起,王先生时常感到身体不适,在一次检查中,发现已是胃癌。安排好手术,却在开刀前一天突然中风,大儿子赶紧帮他转到台北慈院。在慈院医疗团队的疗治下,身体逐渐复原;王先生的儿女,无微不至地陪伴父亲走过术后的复健过程,过了一阵子,终于出院回家了。

我们的医疗团队曾到王家探访。看到他们三代同堂,家境小康,但是子女侍奉父亲不假手他人,五个兄弟轮流排班照顾,每当王先生露出笑容,全家人也跟着快乐。

大陆也有一户孝顺典范之家。一九九一年大陆华东水灾,慈济第一次踏上安徽省全椒县,在官渡乡为受灾户援建了慈济村。这么多年来,我们都很关心村民,有一次前去探访,发现村里有户人家,门楣钉起一块铜锡所铸、写着"新风户"的牌子,非常耀眼,引人注目。原来这是当地政府所表扬的模范家庭。

这个三代同堂的家庭,媳妇勤俭持家,应尽的孝道不曾疏忽。每当煮好饭，便先侍候婆婆用餐。此外，每天陪着年迈中风的婆婆散步、复健，在婆婆不灵活的那只脚绑上布带，散步行走时，一手搀扶，另一手则拉高布带，帮助婆婆顺利向前跨步。

这个家庭家境清寒，夫妻俩认真扛起为人父母的责任，白天忙碌农事，夜里还要做小工，贴补家用，再辛苦也要供孩子读书。

大女儿很乖巧，曾经不忍见爸妈辛苦，尽管成绩优异，却一度想要休学打工，帮忙家计。但是爸妈认为"穷不能穷教育，苦不能苦孩子"，自己就是因为没有读书，才辛苦务农一辈子，坚持不愿孩子像他们一样在田里劳动。所幸在慈济援助下，三个孩子顺利在小学、中学就读。

小女儿中学毕业后，选择习医。她认为奶奶身体不好，父母年纪愈来愈大，自己读医学院，除了可以救人之外，将来也可以照顾自己的长辈。这个家庭的孩子很有志气，十分上进，令人敬爱；这些具有传统美德的现代孝悌之门，不仅生活和乐融融，也是人们的孝亲楷模。

兄弟妯娌融洽，老者安心养老

全家一起投入行善的行列，不仅可以发挥亮丽的生命，亲子感情也会在无形中滋长。因为以爱以善传家，比传子万贯家财更好。父母以身作则，带领儿女一起行善，涵养福德，福德自然绵延不断。俗云："积善之家，必有余庆。"大爱剧场《草山春晖》，正是描述住在台北阳明山的高家，以爱传家的真实故事。

高爸爸勤俭起家，也懂得"有量有福"的道理，只要有人上阳明山，为体谅登山客的辛苦，总会热心地为人准备餐点。有一些登山客听闻阳明山上有好吃的笋子，专程上山铲笋，却不知道那是高家人所种的，高爸爸还是欢喜地邀人来吃饭。媳妇觉得：家里笋子被铲走，竟然还要为他们张罗饭菜！即便心中有些舍不得，还是顺着公公的意；高家兄弟也是一样，只要父亲欢喜就好。

虽然时代蜕变，但是高爸爸遵从前人教诲，以古圣先贤的道理教育子孙。高家大哥有时还会背诵古书；二哥虽然背不起来，但也会用台湾俗谚逗趣地说："要我背书，'时到时担当，没米再来煮蕃薯汤。'"

高家兄弟视长兄如父，兄友弟恭，更难得的是妯娌之间也能和睦共处。很多兄弟原本相处融洽，却因枕边人的闲话伤了感情,不过高家兄弟很有福,妯娌相处融洽,全家和谐。所以高爸爸往生后,兄弟仍不分家。即使各自打拼事业,还是合心协力;遇到难关,不相互推诿责难,而是共同承担,彼此勉励。

他们兄弟之中有人移民美国,仍然争相回台侍奉年迈的母亲,每天一大早陪母亲爬山,不时说故事,让她老人家安心养老,健康快乐,不曾感到孤单。

他们不但侍亲至孝,更能投入社会,利益人群。高家排行老三的高明善居士接触慈济后,陆续接引其他兄弟进入慈济。然而有件事却让我过意不去:二〇〇五年八月初,当时在贵州有扶困计划与建设工程,加上海棠台风过后,大陆有灾情传出,所以我请高居士到大陆了解状况。

当高居士得到母亲的首肯出发时,高妈妈身体并无异样,没想到尚未到达目的地,就接到妈妈往生的消息。虽然伤心逾恒,但从电话中得知高龄九十多岁的母亲是无疾而终,家人和慈济人也随侍在旁,照料后事;又想到勘灾既然是妈妈欢喜答应的善事,就要安心把工作完成,不忍贫困人家持续受苦。虽然没有见到母亲最后一面,但勘灾工作圆满后,仍依习俗,至少在母亲头七之日赶回。

我们的身体从父母而来,高居士善用母亲给予的身体,发挥良能,行善利益众生,并不因为母丧而半途折返,不仅是为母亲广结善缘、累积功德,更是超越小爱的大孝。

高家人人合心,致力行善行孝,可说是圆融美满。我也祝福天下各家各户都能如高家一般,以爱以孝传家。

清明节感恩节，净心追思以礼

父母在世时，为人子女者恪尽孝道；父母往生后，也应当怀着感恩心追思。有些人在父母往生后，才举办风光盛大、铺张讲究的葬礼；甚至买一大片墓地安葬，以表孝心。但是葬礼过后，没有好好地照顾墓地，任由荒芜、杂草丛生，这样的人并非真有孝行。

已经往生的李宗吉居士，生前事业有成，但是为了要守在母亲坟墓附近，不愿搬到市区与子女同住。不论刮风或下雨，每天早晨一定到墓前打扫，打扫完了坐在墓旁，问安、说话，仿佛母亲还健在一样。

李居士生于战乱,小时候家境贫困,父亲早逝,大哥早夭,家里三个姊姊也都嫁人了,只剩下母亲、小妹和他三个人相依为命。为了躲避战乱与空袭,一家三口遂到鼓浪屿投靠亲戚。虽然收留他们的亲戚生活富裕,也愿意救助他们;但是李居士的母亲教育他们:人能平安活下来就好,穷不要紧,一定要有志气,绝不能轻易接受救助;能收留我们,让我们的生命得以安住,这样的人情已经很大了。

李居士读小学时成绩优异;考上中学后,需要六元注册费,他的母亲不肯向人借钱,于是拿手镯去典当。乱世中,粮食更胜珍宝,手镯没人肯买,筹不到学费。李居士知道家中经济状况,为了不增加母亲的负担,将书全都烧掉,甘愿去做童工,从此一肩扛起养家的责任。

李居士刻苦耐劳,无论工作多么辛苦,都谨守本分，认真努力。老板几次把钱随地乱丢，测试他的品性，看他是否会占为己有，但他总是诚实地一一归还捡到的钱；老板看他个性忠厚老实，值得栽培，便带着他到世界各地行船，增长阅历。最后，李居士终于成为一家船务公司的创办人。

事业有成之后，李居士将母亲接来台湾照顾。公司业务蒸蒸日上，有次添购新船，不但以母亲的名字为新船命名，在启航典礼时，也不请大官或名人，而是请母亲来主礼。他说："我小时候就没有父亲，是母亲含辛茹苦扶养长大，在我心目中，最明亮的星星就是母亲，最尊重的也是母亲，所以要请母亲主持这艘船的开航典礼。"

前人尽孝，守丧三年，他却深深感念母亲恩德，日日守在墓边；虽然事业有成，但是夫妻俩住的房子十分朴素，家中还有许多母亲的纪念品。对孝顺的李居士而言，日日都是清明节。

清明节是华人的重要节日。其实清明节，也可说是感恩节，因为"清"就是心灵清净无染，"明"就是内心明朗澄澈——守护好心中的道德本源。除此之外，更要饮水思源，慎终追远。

然而现今一些扫墓的习俗，很令人感慨，诸如烧野草、烧纸钱，甚至将纸扎的房子、车子、电脑、电话等，当作祭品烧给祖先，真是污染空气。殊不知星星之火，可以燎原，倘若一不小心，还可能会造成火灾。其实祭祖时，不需要烧金纸，也不需要准备三牲五礼，只要以最虔诚、感恩的心，带子孙到祖先坟前，将环境整理干净，用鲜花、水果表达一分敬意；然后述说前人的故事，传承祖先的智慧与品德，让后代子孙不忘本。

以前的人大多有"入土为安"的观念，但在现代，这个观念应该可以适时调整。比如有人采用火化的方式，对于火化后的骨灰，不一定要晋塔或葬在野外墓地，而可以考虑安置在家，天天供奉，正如父母健在时，天天感恩父母的教导，把他们的话放在心上。

有的人可能移居海外或住在远地，无法返乡扫墓。如此，也可于清明节时，在家中恭敬供奉尊亲的相片，回想、感恩过去相处的点点滴滴，这也是好的追思。

除了清明节的祭祀，每到农历七月中元节，在台湾各地处处可见普度。家家户户在门口摆满牲礼、米粿、水果等祭品，大家都说是在拜"好兄弟"，其实佛教徒称农历七月为"孝亲月"，源自目犍连尊者救度母亲的故事——佛世时，僧团每日托钵以维生，并与众广结善缘。倘若在雨季赤脚走过丛林、草地，容易被蛇、虫咬伤，也容易伤害幼小生灵，因此佛陀制定四月十五日至七月十五日为"结夏安居"，让在家居士供养僧团，僧众专心听佛说法，精进自修，到了七月十五日，往往让许多修行者对佛法有所开悟，所以七月也称作"吉祥月"。

有次结夏安居，佛陀的弟子目犍连尊者，想到母亲在世时多贪、瞋、痴，因重口欲而多杀生，以因果而言会堕入恶道。为了寻找母亲身后的去向，尊者静坐入定，忽然间看到她腹大如鼓，颈细如针，原来已经堕入饿鬼道中。

尊者不忍见母亲受饥饿之苦，于是端着饭到她的面前。母亲欢喜地接过，但是一张口便冒出火焰，将整碗饭化成黑炭。尊者无奈，出定求佛救度。佛陀说："你的母亲在世时造业深重，光靠你一个人的力量不足以救她,你要用虔诚的心,恭请许多有福德的人一起为她祝福。"

孝顺的目犍连尊者遂依佛陀教导,供养结夏安居期间修行证果、德行具足的僧众。我们应学习尊者救度母亲的精神,及时孝顺父母长辈,为世间增添许多温暖的笑靥;并以身作则,将孝亲的美德传承给下一代,让未来更有希望。

真正的"普度",应是"普"济苦难,"度"化众生——泛爱广大生灵,让他们脱离苦难,回归宁静的心灵。我们时时尽孝、行善,即是日日普度,不仅普度我们的心,让身心安住自在;也普度天下苦难的众生,祈祷消弭世间灾难。

卷三。大孝天下

第八章

温情满人间

天盖之下、地载之上，莫不都是天下一家亲
布施父母所赐身体行大爱，功德回报父母恩
亲子相互接引同行菩萨道，启动世间善循环

摄影/廖右先

众生之间,累生累世互为亲眷

《父母恩重难报经》里有一段故事:有一天,佛陀与阿难尊者行经一处,路旁有一堆白骨。佛陀见到这堆白骨,便以虔诚的心,恭敬地膜拜、顶礼。

阿难觉得奇怪,请示佛陀:"您是四生慈父,人天导师,为何礼拜这堆白骨?"佛陀回答:"这堆白骨都是我过去生的父母。众生之间累生累世互为父母子女,所以每个人无不都是我过去生或是未来生的父母。"一切男子是我父,一切女人是我母,彼此皆是六亲眷属。我们于生生世世互为父母,互为师徒,所以无论面对何人,都要生起慈爱之心。

释迦牟尼在成佛前,也曾于畜生道转生为各种动物;《慈悲三昧水忏》说:"出生入死,改形易报,不复相识。而今兴害，食啖其肉，伤慈之甚！"因为一切生灵皆于六道辗转受生，所以畜生道的众生，应该也和我们有过因缘。我们若能视众如亲，就是同体大悲。

《地藏菩萨本愿经》里有则"光目女救母"的故事。光目女的母亲平时爱吃小鱼，仅仅一餐就吞食万千生灵。她知道母亲造作许多恶业，往生后恐怕会堕入地狱，所以不断布施，想要弥补母亲过去的过错；为了消除母亲的恶业而求佛，并发愿度尽地狱众生。

我们极力推动素食，就是护生、爱护天下众生生命。素食不只对身体有益，也让心灵更健康。素食者大多个性温和、待人谦恭，做事如律如仪，循规蹈矩而较少犯错。我们呼吁人们戒除烟酒，也是同样的道理。因为守戒可防非止恶。佛教徒要遵守的根本五戒"不杀生、不偷盗、不邪淫、不妄语、不饮酒",是为了照顾好自己的身心,更是孝顺的根本。

不抽烟,是保护身体不受伤害;不饮酒,是希望常保心智清醒,不致说错话、做错事。

很多人加入慈济以前,大量地抽烟喝酒,脾气暴躁。有位林居士,从前是大老板,事业成功,非常风光。他认为应酬才谈得成生意,所以整天喝酒交际,总是醉茫茫,也常常不由自主地将脾气出在家人身上。

后来景气不好,公司经营不善而负债;为了偿还债务,他的兄弟姊妹误以为他花光父亲的家产。他曾经想要轻生,但出于对三个儿女的责任感,还有太太以智慧从旁辅导，总算放下大老板的身段，到彰化荣民之家工作。

在荣民之家，他看到人生百态，从而体悟到：健康的身体不应该只用在应酬、赚钱，还可以做好事，为人间付出。所以林居士投入慈济，开始见习、培训，成为慈诚队的一员。

加入慈诚队后，林居士想到自己的父亲年纪已大，虽然有兄弟姊妹轮流照顾，但为了回报养育之恩，他自告奋勇，一个星期照顾父亲五天，兄弟姊妹才开始对他改观。他不但在兄弟姊妹间，重建自己的形象；在父亲心目中，更是"捡回来"的孝子。

家中若有人沉迷于酒精，宛如有颗不定时炸弹，不知何时会发生憾事？特别是为人父母者要时时警惕自己,做儿女的好榜样;不能有不当的行为,让家中天天如刮台风,不得安宁。期盼人人斋戒,远离烟酒,戒除习气,让社会上充满和乐的家庭。

养老院设在家,环保站没烦恼

倘若社会上每个家庭都充满和乐,相信许多老人家都能在家中安养天年,事实却非如此。

曾有慈济医院的志工分享:有位八十多岁的阿公,医生认为他已经可以出院,然而他并不愿意。原来阿公有十一个儿子,但是儿媳不孝顺,回家没人照顾;待在医院反而觉得比较温馨。听了这则个案,令人担忧。

近年来，日本出现了"孝亲代理"的新兴行业。业者定时探望长者，帮忙打理生活环境，或者替老人家捶背，陪伴他们用餐、聊天或散步等等，一小时收费约新台币一千四百元。陪伴或许能用金钱来购买，但亲情能买得到吗？

老人照护是值得关注的社会问题之一，而"孤单老人"的现象，更需要我们的关怀。为什么会有这么多"孤单老人"呢？

现代社会，年轻人大多离家自立，在外地工作、定居。倘若双亲还在堂上，最好能接来同住；假如长辈不愿离开家乡，也要利用休假日勤于回家探望，关心父母身体是否康健、生活起居是否安适，不让他们觉得孤单，才是基本的孝道。

每当听到有人问我:"慈济为什么不盖养老院?"心里都觉得悲哀。为什么许多人无法体会年老的父母心?为什么人老了,就要被送到养老院?

想想,一个人为家庭奔波、劳碌一辈子,年老后却要"终老"在陌生的养老院,情何以堪?所以我一再呼吁,希望大家能将"养老院"设在自己家里。

事实上,不论兴建多少养老院,也无法全面收容需要照顾的老人,对解决老人问题助益不大。我曾参观过号称"五星级"的养老院,虽然硬件设备良好,但是老人家整天面对其他内心孤单寂寞的同伴,生命渐渐凋零,心灵同样空虚。

家是最好的养老环境,如果家中有行动不便或失智的长者，而年轻人要工作，无法全天照顾时，可以仿照托儿所的模式，将老人家送至日间托老机构。

就如慈济医院的"轻安居"，能在白天协助照顾生活无法自理的长者，让子女安心上班；傍晚时，再由家属带回家。老人家在舒适安全的环境里，有医护人员看护，减缓身体机能退化；也有医疗志工陪伴，倾听，让老人家既快乐又有尊严。

很多患有失智症的老人家，往往因为病症之故，情绪反复无常，经常发脾气，甚至口出恶言或攻击他人，与家人关系变得很紧绷；自从来到轻安居后，医护人员和志工化解了他们的忧郁和躁动，让我们发现这些老人家其实很可爱！

他们早上起床、用过早餐后，穿好衣服，背着背包，由孩子送到医院。当医护人员对他们说："来上课了！"真像是来到"托老所"。

有次我问他们："你拿着包包要去哪里？里面放了什么东西？"他们像孩子现宝一样，打开背包，一看，原来是失智症患者的常备用品。看到他们整齐地排好队，模样单纯，犹如"返老还童"一般。

曾有位家属分享："妈妈本来很爱骂人，但是来到这里之后，脾气改善很多。现在拿东西请她吃，还会对我们说感恩呢！"这家人本来很辛苦，因为长辈老是骂人，儿孙又不能忤逆。在轻安居团队的协助下，不仅改善了这位老人家的性情，也让这个家庭重新找回和谐。

对于身心需要照顾的老人家，慈济医院的轻安居，让子女白天可以安心"托老"；但许多老人家身体无恙，行动自如，当儿孙上班、上学，无人陪伴他们，慈济的环保站就成了另类的"轻安居"。

每天早晨，当家人出门时，有一群老人家也到环保站去"上班"。他们细心地将回收资源洗净、分类，提供再制，不仅延续物命，也疼惜地球。许多人在环保站做得汗流浃背却轻安自在，因为投入环保工作，让他们感觉：生命还能发挥很大的良能。

很多年长的环保志工，年轻时已经习惯劳动，年纪老迈后，孩子已经成人，经济负担减轻，却不知如何运用时间，只好整天面对电视，无聊度日；来到环保站后，志工们彼此关怀、勉励，一起说好话、做好事,天天快乐欢喜,真的是"做环保,没烦恼"。

有位胡老太太,夜里睡不着,拨电话问女儿:"我要怎么做,晚上才睡得好?"女儿回答:"常常出门走走,不然也可以去做环保。"然而胡老太太却担心做环保会被人笑,面子挂不住。

有些人想要做环保,却担心被误会成生活有困难,以收破烂维生。不过当胡老太太知道在环保站的资源回收可以照顾地球、利益众生后,就欣然投入;十几年来,也接引了不少环保志工。

此外,环保站里有些老人家,原先身体有病痛,投入环保前,每天提心吊胆地计算自己还有多少时日;专心于环保后,因为忙着付出而忘掉时间、病痛与烦恼。心情快乐，身体自然健康。他们因为做环保而伸展肢体，现在站得直挺挺，上下楼梯也不需他人搀扶，步步踏实；即使做累了，也有人帮忙按摩、捶背，没有过劳的问题。

在环保站的教室里，他们还可以收看大爱台"人间菩提"、"草根菩提"等节目；学习手语、唱歌，藉由手语歌，让一些不认识字的阿公、阿嬷理解佛经经文。

这些老菩萨不仅环保做得仔细，说起"环保经"也毫不含糊。假如有外宾参访，他们也能侃侃而谈环保的道理，对于如何保护地球，有很高深的见解，可谓"文武双全"。

环保站就如同社区的大学，让人能从做中学、做中觉,学习如何修福:爱人惜物、开阔心胸、善解包容,自然在人与人之间愈来愈"和",充满家庭和乐的智慧。

八十多岁的阿通伯与阿通婶,他们充满草根味的故事,很可爱。他们夫妻两人除了耕田,在家没事做,于是早就投入环保的女儿,请妈妈一起做环保。

阿通婶相当投入,每天天未亮,便骑着脚踏车载回收物,来回一趟要一小时,一天跑上好几趟。一开始,大家看到她都觉得:脑筋是不是坏了,为什么要这样做?有人还消遣地说:"吃饱太闲了!自己三餐不照顾好!"但阿通婶很善解,反而用很可爱的方式广结善缘,时时对人说:"三餐吃饱的人,来帮忙做喔!"现在,很多"三餐吃饱的人"都会帮她捡回收物,整理干净,一起载去回收。

有时阿通伯也会念阿通婶，但她并不因为做环保而懈怠了家务。久而久之，阿通伯也陪她一起做环保；当回收物载回来，则帮忙整理。阿通婶满脸笑容，心情好，身体也跟着健康；每天最快乐的事，就是一起出门回收资源。

　　两位老人家听力比较差，从前如果两人斗嘴，一个人大声，另一个就跟着大声；自从做环保之后，即使有一个人在骂，另一个也懂得以笑脸带过。如今阿通婶一家，充满笑声。老人家安心睡、快乐吃、欢喜笑、健康做，是真正的"福从做中得欢喜"；心胸开阔，无论面对什么样的境界，都能包容善解，事事皆是好事，所以"慧从善解得自在"。女儿一念孝心，将父母带进环保站，让老人家既能植福，也启发了智慧。

力行报恩感恩，缔造幸福人生

孝顺是让父母安心、快乐。若能善用父母亲给我们的身体，为社会、为人间有所贡献，就是大孝。

我们力行大孝，是布施父母所赐的身体，报众生恩，将功德回报父母恩；同时也是感念佛恩，感恩佛陀开启我们的智慧，让我们舍弃烦恼，常保欢喜。

澎湖吉贝岛有位陈居士，人生际遇坎坷，三个兄弟先后往生，父亲年老中风，母亲行动不便，他自己也因先天性的四肢萎缩，手脚无力，走路有些困难。可是他不被命运打倒，承担家计，照顾父母。

他在辛苦持家之余还精打细算，每天从三餐省下十元，每个月捐出三百元助人。他说："我虽然穷，但至少三餐还有着落,国外还有人捡垃圾堆里的东西吃呢!"

几年前,有位慈济委员将环保观念带回澎湖,陈居士看到吉贝岛在慈济人亲身带动环保后,环境干净许多,了解环保就是呵护大地的真理,随即付诸行动,用心投入做环保。

二〇〇八年他发现罹患鼻咽癌,仍是心胸开阔、轻安自在;即使身体不便,依旧乐在行善行孝,把握分秒绝不浪费,发愿多活一天就多做一天,真的是"贫中之富"。

多年前,还有一对母子的义行令人敬佩。某天清早,我从屋里走出,进大殿前看到一辆计程车开进精舍。有位中年人下车后,很有礼貌地问:"静思精舍就在这里吗？"得到肯定的答复后，体贴地搀扶妈妈下车。原来他们来到精舍，是希望日后能将遗体捐给医学院做研究。

某次他们母子在《慈济》月刊上看到"大体捐赠"的报导，觉得往生后将遗体火化或埋葬，实在可惜，如果能捐赠给医学院作为教学解剖研究之用，应该会更值得。因此儿子向妈妈提议，一起签"大体捐赠同意书"；母亲听了深受感动，于是相偕来到精舍。

老太太对我说：只要是她的心愿，儿子都会帮助完成，也常告诉她："妈妈，孝养您的钱就是让您去布施，布施之后才真正是属于您的。"母子为慈济默默付出，虽然没有来过精舍，但是护持的心一样热切。

大孝之心，即是大爱之心。行大孝，不只是照顾身边的父母，对待普天之下的长辈，也同样当成自己的父母一般敬爱。将亲人之爱化为众生之爱，不但更广阔，也爱得毫无烦恼。佛陀说人人都是未来佛，我们将每位长者视为一尊尊佛菩萨。我常呼吁人们走入社区，挨家挨户地主动关怀独居长者；鼓励医疗团队与志工走入偏远山区往诊、义诊或卫教，照料偏远地方的病患。看到志工照顾老人家，当他们身体脏了，头发、胡子长了，主动帮忙理发、刮胡，沐浴更衣，不也是在"浴佛"吗？

欣见全球慈济人以大爱之心敬老，让日日都是孝亲日。在台湾，有一群荣民伯伯，因为大时代的动乱，年轻时就无奈地离开家乡，至今已超过一甲子。尚未凋零的荣民大多老病缠身，时常想念着故乡；尤其每逢佳节，更是加倍思念亲人。慈济人在清明节、重阳节时，时常带着年轻人前往荣民之家关怀，陪老人家聊天解闷。贴心的孩子们还利用网络，让老人家看看家乡现在的模样，舒缓他们的思乡之情。

在西方国家，游子们总要在圣诞节假期回家团聚。海外慈济人常在这时探望独居长者，有如远在他乡的子弟归来，承欢膝下。由于天气寒冷，有些贫困的独居老人，住处简陋，墙壁会透风，屋顶会漏水，无法抵挡雨水或大雪。志工协助修补破损的房屋，送上毛毯、冬衣，以及足够的营养品；拿着乐器为他们唱歌、祝福，让老人家在大雪纷飞的冬天，也有一个热闹温馨的节日，能够展露笑颜。

又如慈济数次前往河北省涞源县展开冬令发放，与一位拄着拐杖的贾爷爷，结下一分好缘。

涞源县离北京有好几个小时的车程,海拔高,土地干旱,居民普遍贫穷,老弱、贫病者比比皆是,一旦到了又干又冷的冬天,真是苦不堪言。八十多岁的贾爷爷住在山坡上,因为前列腺肥大,随身备着尿袋,走路不方便,每隔数日就要到医院处理;即使如此,每次看到慈济志工,依然亲切地招呼接待。

当我们要离开时,他也坚持一定要送行,陪着到山坡下,目送慈济志工。就算相隔已经有段距离,仍可听到他说"谢谢你们,你们要走好"的声音。天寒地冻中,贾爷爷弯腰驼背,拄着拐杖,脱下帽子向我们鞠躬致意,让人不舍。

贾爷爷的妻儿在十多年前因为一声雷响而吓傻了,儿子有时躲在墙角,不敢看人;有时又满山跑,逢人就打。尽管他年纪大了,还必须照顾憨傻的一家人,真的担心自己哪天倒下去,谁能照顾他们?

志工了解贾爷爷的辛苦,试着肤慰这位孩子,也顺势让他和贾爷爷拥抱,愿亲情重新接轨。说来仿佛是奇迹,从此之后,这个孩子不再乱跑,也不再打人了。但愿贾爷爷能健康长寿,也祝福他的孩子能渐渐康复。

在赈灾的过程中,我们同样常见人们"不独亲其亲,不独子其子"的大爱精神与人性光辉。二〇〇八年五月十二日,大陆四川省发生汶川大地震后不久,慈济人走入这块土地,看到大地满目疮痍,家园破碎;所幸经过一段时间重建,灾区已有逐渐安顿下来的气象。

犹记得大地震发生后,许多救灾部队立即启动,不分日夜，冒着山崩地裂的风险，从不断滑落的土石中，徒步进入重灾区；有人走了二十多个小时，九十多公里路之后，筋疲力倦，还是马上投入救灾工作。救灾部队的成员中，有一位李居士，不断抢救受困民众，救出三十多人，可是却救不回困在瓦砾堆中的亲生骨肉。太太因此责怪他："你能救那么多人，为什么不能先救我们自己的孩子？"兄长也不能谅解，他为此感到自责、愧疚。

另一位救难部队的成员，结婚两年的妻子和幼子都在震灾中往生；悲痛之余，徒手在灾区为妻儿立碑。当他听到其他救难队员被家人责备："为何不先救自己的亲人？"他说："这个时候哪个人不亲呢！"

当苦境来时，若能静下心思考，抚平自己的情绪，比较能走出悲伤。救难队员强忍心中痛楚，善尽救灾责任，无私的大爱令人敬佩。

这次地震，有许多学校倒塌，造成很多学子往生，令他们的父母心碎，整天以泪洗面。

有对夫妻因为非常思念孩子，成日郁郁寡欢。当他们来到慈济的志工服务站，有位小男孩，知道他们走不出伤痛，于是认他们为干爹、干妈；又有一位女孩，同样愿意当他们的干女儿。巧合的是，男孩与他们同姓，女孩与他们的亲生儿子同名，合起来刚好是儿子的全名。为此因缘，四人在志工站感动得拥抱，两个孩子也向干爹、干妈磕头、奉茶，宛如对待亲生父母。

还有位老爷爷，在灾后被乡亲送到我们的医疗站。他的血压很高，不断哭泣，因为地震家破人亡，孙子不幸罹难。有位八九岁的孩子,是老爷爷孙子的同学,走到老爷爷身边,对他说:"爷爷,我会代替您的孙子好好孝顺您。"两人虽然没有血缘关系,但是他对老爷爷的心意,不就是"无缘大慈,同体大悲"吗?

这群孩子们的爱心,引导许多人走出悲恸的心情,在苦难中感受到温暖。看到小志工天真可爱的面孔,许多痛失儿女的父母也跟着开朗起来。

由于大陆实施一胎化政策,很多孩子是独生子、独生女,被父母亲捧在掌心,备受宠爱,所以骄傲、任性。然而孩子们心地善良,都是希望的种子,只要有法水滋润,善加扶持,就能开启无量智慧。

因为大地震,慈济人从台湾到四川,也走入孩子纯真的心地,让他们知道,为善、行孝不能等,回家后懂得孝顺父母，帮忙做家事；也自发地走入志工服务站，一起关怀孤苦长者，肤慰受伤的心灵。

孩子们关怀老人家，帮他们浴足、剪指甲。有位小男生帮老伯伯剪指甲时说："伯伯，您的指甲很硬哦！"老人家一生不知道用这双手做了多少粗重的事，所以皮硬了，指甲也硬了。孩子们用心轻轻地剪，就怕错剪到老伯伯的皮肉。

这些孩子还担任义诊团队的翻译。因为对外地人来说，四川话不容易懂，倘若医病间无法顺利沟通，医师该如何看诊？幸好有孩子担任志工，向医师解释患者身体哪里不舒服；医师向患者的叮咛，也经由孩子们转告。做久了，他们还会依样画葫芦，问患者："最近身体如何？肚子痛吗？头会昏吗？"俨然也像个小医师。

志工们离开四川后，这些孩子传承了志工们的爱，利用星期六、日，前往关怀老爷爷、老奶奶，帮忙他们洗衣、洗澡，问候他们有没有准时吃药。看到他们从娇贵的独生子、独生女，成长为传播大爱的小菩萨，让人充满感恩与感动。

随着慈善的脚步，弘扬孝亲人文，不但是日日造福，也让智慧不断成长。人与人之间，就是一个教育的大环境。若能结合节庆活动，推动孝亲的观念，宣导行孝的方式，更能将孝道落实在生活中。

诸如马来西亚的槟城为了推广中华文化，年年与民间团体合作，有一年在春节期间举办"文化庙会"，呈现十二个华人传统节庆的文化意涵。主办单位很肯定慈济人文，于是邀请当地慈济人负责筹划"清明节"的部分。

清明节给人的印象大多是祭祖扫墓,然而华人在年节期间又须避讳说"死"或"墓",当地慈济人想到:清明节的意义,在于慎终追远,弘扬孝道;于是,以孝道为主题进行设计,将一条三百公尺的街道规划成四个游戏区。其中一个游戏区,设计为子女向父母奉茶的茶道教育区。请平常辛勤持家的父母,在此接受儿女感恩奉茶;孩子们也透过实际行动,了解体贴行孝的意义。寓教于乐的温馨互动,成功吸引人群,化"街道"为"孝道"。

全球慈济人也会在特定节日中举办孝亲日活动,在庆祝活动中,先由子女帮父母浴足、奉茶,接着侍候父母饮食,人人沐浴在报答亲恩的感动中。

有一年母亲节,印尼慈济学校的孝亲日活动,有位男老师邀请母亲到学校。当他蹲着,温柔地擦洗妈妈双脚时，两人泪如泉涌，泪眼相对。原来这位老师过去曾是叛逆的孩子，让妈妈非常担心。洗完后，他紧紧抱着妈妈说："对不起，过去我不孝不顺。"这段真情告白，让很多在旁的老师红了眼眶。

这位老师走入慈济，接触静思语教学后，在教导孩子用心深入静思语的同时，自己也深受启发。如今他在家懂得孝顺父母；在校得到学生的尊重与爱戴，下了课有学生牵他的手在额头轻叩一下，行最敬礼。这才是真正的教育，不只净化孩子，也洗涤了老师的心。

孝亲教育，与其用口说，不如让孩子实际见闻、亲身实行，更容易有所体悟。许多慈济的老师藉由《父母恩重难报经》音乐手语剧中的片段，让孩子们演练、唱诵，以手语演绎经文的内涵。孩子们回家后还会继续练习,表演给父母看,并且解说歌词的意义。

老师在指导手语演绎的过程中,也会找出真实发生的孝亲故事,以验证孝顺的道理。诸如有位就读台南大爱幼儿园的小朋友,妈妈当初历经几近难产的过程生下了他,导致下半身逐渐无力,长达五年时间,常在医院进进出出,孩子只能托保姆照顾。当孩子知道妈妈是为了生他而罹病时,便对妈妈说:"妈妈,我长大一定会好好孝顺您。"这段真人实事在《父母恩重难报经》音乐手语剧中演出,赚人热泪。

大林的大爱幼儿园也有感人故事。有位家长看了女儿在剧中切水果给孩子吃的演出后说:"每次回家都是妈妈切水果给我吃,这次回去,换我切水果给父母吃。"可见他从手语剧中体会到父母的关爱;现在自己身为人父,也以同等的爱,照顾孩子,并且懂得更加恭敬孝顺父母,这就是道德伦理的美善循环。

对于《父母恩重难报经》这出音乐手语剧,慈青非常用心且自我要求,必须深入了解经文内涵,期待将自己的感动,化成一个个舞台动作。他们邀约来自不同学校、甚至不曾经接触过慈济人文的同学,共同参与,一起走入经藏;演绎结束后,彼此分享心得,启发孝思,感念亲恩。

无论是慈善、医疗、教育、人文,慈济人为天下付出,但不是抛下家庭,不顾父母,同时也要恪尽孝道,成就父母的慧命,兼顾家业与志业。

台中有位翁女士,一肩挑起全家的生活重担。多年前,邻居告诉她:"只要交一百元,就能帮忙一位师父在东部盖医院。"因为一颗单纯善良的心,她虔诚地投入慈济。

翁女士以清洁工作维生,微薄的薪资要维持家计很不容易,因此家人反对她加入慈济,也不解地问:"生活这么拮据,为什么还要捐钱?你已经很辛苦了,为什么还要参加慈济活动?"

为了要让家里的人了解慈济,翁女士用耐心让妈妈慢慢了解慈济的理念;也邀请妈妈同去访视贫苦,目睹还有很多苦难人,需要点滴汇聚的帮忙。终于,妈妈认同了慈济,以女儿做慈济为荣。

多年来,她不论是担任花莲、大林还是台中慈院的医疗志工,都不缺席。营生已十分辛苦,如何分配多余的时间和金钱呢?都是从省吃俭用而来。翁女士行善行孝，树立了人品典范，女儿如今也投身志工行列，成为慈济委员。

有些资深慈济人的孩子，常常陪着父母做慈济，了解行于菩萨道的意义，愿意在慈济路上"接棒"，力行大孝、大爱——对父母长辈有无量的孝心，对众生有无量的爱心。

慈诚队有位陈居士，不但投入环保志业，许多慈济活动也少不了他的身影。有次环保回收，他为了将回收物扎实地绑在回收车上，意外摔伤脑部。虽然立即送到台北慈院，但是抢救之后，仍旧宣布脑死。

他的家人接到这样的消息，悲痛不舍。当天和陈居士同车的志工很内疚，面对他的妻子，直说："对不起！我明明在他身边，却没有照顾好他，都是我不好。"陈居士的妻子反而感恩他能很快将陈居士送医；他的儿子也说："爸爸一生中最喜欢的事就是做环保，感恩你们常陪在他身边，让他这么多年来能够快乐地做想做的事。"

那时，陈居士预计要参加慈济的浴佛典礼，于典礼中的位置在菩提叶的图腾上。他的儿子说："爸爸已经无法站在那个位置了，我要补位，不能让这片叶子缺一个角。"他的女儿找到爸爸做慈济的劝募簿，也愿意继续关怀爸爸的会员。

如今，陈居士的儿子已经补上他的慈诚位置，女儿承担起他委员的工作，一家人能够有志一同投入慈济，是多么特殊的因缘。父母对孩子有养育之恩，儿女成就父母的慧命，彼此互相接引，互相学习，就能在世间启动美与善的循环。

在海外，也有爱的种子在各地撒播。洪都拉斯有位张居士，在当地娶妻生子，落地生根。二〇一一年，该国遭受重大水患，慈济于当地赈灾发放时，他为了勘灾、采购、造名册、寻找发放场所，"冻甲"——脚趾甲嵌进肉中的痼疾，更加严重；但是为了灾民，还是强忍着痛，继续奔走。

近两千户的发放户中，来领取物资的多数是老弱妇孺。其中有一位葛萝拉老奶奶，来领物资时，全身颤抖，行动不便。张居士看到了，优先请老人家进来，还吩咐自己的儿子一路守护。

张居士的儿子很贴心，一直陪在老奶奶身边；轮到她领物资时，张居士的儿子抱起她，走到领取物资的地方，动作温柔，仿佛抱着自己的亲奶奶，让许多人看了都很感动，老奶奶也充满感恩说："上帝一定会回报你们的爱心。"

张居士说："家庭要做个典范，建立'父慈子孝'的伦理观念。"张居士以身作则，他的孩子不仅孝顺，同时传承父亲的善念，一家同行菩萨道。

最好的"传家宝典"，应该是教育下一代懂得"报恩"与"感恩"。父母生养子女，老来儿女应该回报，这是自然的循环。让父母天天快乐，天天欢喜，让父母没有忧虑，这是报恩；让父母感到我有这个孩子很光荣，这也是报恩。

那么，什么是"感恩"呢？感恩就是要付出。善用父母给予的身体，造福人间，既是功德，也是感恩。自爱是报恩，付出是感恩；欣见全世界的慈济人，善用自己的身体，力行报恩与感恩。如此，普天之下这个大家庭，不就是最温暖的家吗?

第九章

尽孝传大爱

恒持刹那于"那一念间",
把握当下在"那个时间"
当下力行正道,一秒钟也是一辈子
珍惜生命来源,视普天下老者为我父母
发挥大爱光辉,永持孝敬天下众生心念

摄影/李白士

时间空间人间，成就奇妙因缘

一日为师，终身为父；生生世世禀承师志，慧命因此得以成长。父母恩与师长恩俱是大恩难报。父母给予生命，师长授与慧命，故孝顺父母、尊敬师长，是做人的道理，是为人的本分。

我思我师，我常常思考与师父（上印下顺导师）的因缘。自从皈依、受戒后回到花莲，即两相遥隔，无缘时常亲近师父。师徒之间的因很深，但总觉得缘很遥远。

溯及四十多年前，最初拜师的分秒一念间，时为一九六三年。我远从花莲到台北临济寺戒场，缘于之前是私淑许聪敏老居士为师，没有剃度师父而无法受具足戒。戒场中有几位法师建议我可以就地择师，但我认为受戒是终身大事，慧命依止师如何能匆促成就？宁愿先离开，想请一部《太虚大师全书》回花莲小木屋自修研读，以待因缘。

回花前晚借住菩提讲堂，慧音法师知我想请书，带我来到慧日讲堂，并问我是否想拜见导师？他一句话的引导，我一念心的欢喜，于是随其步入导师会客室。

因曾读过导师的著作，景仰其学德已久，初见更觉庄严、摄心。顶礼后，慧音法师告诉导师："他是来受戒的，但是现在要回去了。""还没有受戒，怎么要回去呢？""因为他还没有皈依的师父。"几句简单的问答，也不过三秒钟，我们就出来了。

时任监院的印海法师到书库取书后，打包妥当，正要离开时，却下起雨来。印海法师要我们稍等，因为书册多达六十余本，我们无法带走，因此叫车来载。就是这一阵雨，让我自问："就这样回去吗？"

　　我心生一念央请慧音法师："我能不能皈依在导师座下，以导师名下的弟子去受戒？"他说："不太可能，导师很少收弟子，至今也只有四位弟子而已。"我说："说说吧！若有缘，我就拜在导师座下；若无缘，就回去了。"

　　时间、空间、人与人之间，其实都有因缘。正是一个"缘"字，我在讲堂后方与慧音法师谈及皈依之事，导师即从讲堂前头的会客室走出。慧音法师上前请问导师，导师看看我，微微笑，点个头；见到慧音法师招手，我赶快到导师面前。

导师说："时间也快到了，你就地磕头吧！"时近中午十二点，戒场就快封坛，赶紧上香礼佛，再向师父顶礼，只听师父说："你我因缘很殊胜，既然你要出家，就要发心'为佛教、为众生'。我给你法名，快去吧！"师父立即为我取好法名"证严"，字"慧璋"，因时间已来不及，遂书写一信让我带上戒场报名。

我与师父之间，有许许多多的因缘巧合。在慧日讲堂拜师，是起于一场雨、掌握刹那的一念，又适巧师父自会客室缓步走出，人、时、地的巧合，成就奇妙因缘。

常说要"恒持刹那"，就是"那一念间"；还要"把握当下"，就是"那个时间"——在一念间的那个时间,实在是很重要!本来请购《太虚大师全书》,包装好后就要回花莲,怎么刚好在"那个时间"下了场雨,正因为下那一场雨,才产生了"那一念间"——生起拜导师为师的一念间。

师父简短的叮咛,前后约一秒钟,却影响我一生。一秒钟也是一辈子,把握当下的发心,当下就是正道;诚正信实,身体力行,即恒持刹那。往后在人间路上,不论遇到何等艰巨的难关,脑海都会浮现"为佛教,为众生"六字。一路走来,慈济功德会已成立四十余年了。

提振信心,回归原点重新起步

四十余年行来虽然多坎坷,但是很感恩所有的慈济人,大家都是有缘人,有的人甚至连我的样貌都没见过,只是听闻我的名,就起欢喜心,愿意就地帮助我行"为佛教、为众生"之事,不分宗教,不分种族,因缘真是很特殊。

犹记一九七七年,赛洛玛台风在南部造成巨大损失,当时赴南部勘灾,在屏东的圆通寺挂单数日。当地有位老人家是乡下的土医生,也就是俗称的"赤脚仙",除了自植药草,也自耕农田。

他说:"师父,我心里有句话想说——慈济真的是天下第一大家庭。"当时心想,为什么这么说?继续听老人家道来:"虽然南部与花莲相隔遥远,但是师父因南部的居民受到风灾远自花莲赶来救灾,如同对自己的家人一般关心,相信这分心不只是对南部的灾民,对北、中部亦是投以相同的关怀。如此说来,可不是天下第一大家庭！"

　　诚然，如同老人家说的，慈济确实是很大的家庭。我由衷地感念，不知要几生几世，方能回报得了这一群"以佛心为己心，以师志为己志"的贴心弟子们。他们以真诚而慈悲的爱，做师父想做的事，并且步步紧跟、分寸不离，身躯从挺拔到佝偻，仍是同样"说慈济、听慈济、看慈济、走慈济"，心心念念都是佛心师志。每思及此，就觉得来人间不虚此行。

　　师父圆寂后，我深刻体会人与人之间的"情"十分奇妙，原本师徒间长年因为语言、距离的隔阂，总觉得"因虽然很深，缘却是那么远"；直到最后那几秒钟，知道老人家在花莲慈院等待自己，从精舍赶至，师父出现瞬间的表情似在对我说"再见……"几秒钟之后就安详圆寂，因此感知"因深缘远，忽焉在即"，师徒间的缘很密集、很贴切。

往常，看着世间崩乱，总是有"来不及"之感。眼见从新世纪起始，普天之下发生多少惊人的大灾难？不论是人祸或是天灾，每一次都让我很心疼、很自责，觉得自己很无能。

面对大自然的威力，人何其渺小；然而造成人祸的心灵业力深为可怕，众生心灵无明作祟，就如大自然的风暴。心灵的业力现前，想要守住诚正信实，也难抵风暴。大自然有台风、飓风，人人心灵的乾坤里也有无明的风暴，人与天地的业力相互起效应，让人无从下手、无从导向。

但在师父的荼毗大典上，当护送灵棺的车门打开，棺木推进火场的那一刻，我很激动，宛如安睡中的老人家，顷刻间就化为灰烬……那一刹那我很震撼，感到这就是人生，纵是修行境界超越的百岁一代宗师，人生最后亦是不免一死，如此世间还有什么放不下、还有什么好计较的呢？

又看到当时台湾南部遭逢豪雨水患，慈济人虽然全身湿答答，分不清是汗水或灾区的积水浸湿衣裤，但人人脸上都带着灿烂的笑容，说出口的皆是"感恩"！如此真诚、行善而表现出的美无法形容。

由此我提起了信心，期许自己更要认真精进，回归四十年前年轻时代的那一股冲劲与毅力，回归原点重新起步，继续积极推动"佛法生活化，菩萨人间化"！

小孝敬奉双亲，大孝护念众生

当今世代，文明国家生活优渥，有些孩子自小养成娇生惯养的习性，动辄发怒，忤逆父母，使父母伤心与忧虑。为挽救时弊，对症下药之方莫如提升人伦道德观念，其中尤因"百善孝为先"，故当积极推动孝道，否则长久以往，孝顺的美德一代不如一代，则未来世界道德沉沦的景况，实在无法想象。

从儒家"修身、齐家、治国、平天下"之理，可知社会要安定，必须组成社会的每个家庭都能父慈子孝、兄友弟恭，家家和睦亲爱。孝道是伦理道德的基石，希望人人心中有爱，能敬上爱下，心才能定，心才能安。人人心理安定，家庭和乐融融，社会必然长治久安。

孝有大孝与小孝之别。真正的大孝，并不在于执著长伴父母身边，若只是敬顺奉养自己的父母，其他人的境遇与己无关，如此孝的范围有限；应当发扬生命的光辉，做利益人群之事，则当千载百年之后，若人肯定你的人品的同时，也就推崇你父母的懿德，如此显扬父母，堪称做到大孝。

儒家提倡孝道，佛教也注重孝道，人之生命来源于父母，每个孩子都是父母的心上肉，古今多少诗歌传唱"父母恩重如山"，歌颂亲情之深重恩德。寄望天下子女珍惜生命来源，善体亲心，敬孝父母，以回报双亲宏恩于万一。

除孝养个己的生身父母以外，如何大孝天下，视天下众生皆我累世以来的父母眷属，更是佛教致力弘扬的真理信念。希望大家发挥大孝，视普天下老者为我父母，永远抱持孝敬天下众生的心念。

摄影/李白士

图书在版编目(CIP)数据

孝的真谛：幸福人生第一堂课/释证严著.—上海：复旦大学出版社,2014.3(2018.12 重印)
(证严上人著作·静思法脉丛书)
ISBN 978-7-309-10250-5

Ⅰ.孝… Ⅱ.释… Ⅲ.佛教-人生哲学-通俗读物 Ⅳ.B948-49

中国版本图书馆 CIP 数据核字(2013)第 316071 号

原版权所有者：静思人文志业股份有限公司授权复旦大学出版社
出版发行简体字版

慈济全球信息网：http://www.tzuchi.org.tw/
静思书轩网址：http://www.jingsi.com.tw/
苏州静思书轩：http://www.jingsi.js.cn/

孝的真谛（繁体字版）
封面"静思法脉丛书"题字为胡念祖先生
著　作　者：释证严
总　编　辑：释德侊
丛书策划：翁培玲、黄美之、沈凯庭、赵佩珉、许菱窈
责任编辑：翁培玲、苏伟然、叶柏奕
美术编辑：蔡淑婉
封面摄影：潘玉玺
摄影协力：释德宏、释德需、陈友朋、李白士、古亭河、廖右先、蔡淑婉
篆刻协力：陈胜德

孝的真谛：幸福人生第一堂课
释证严　著
责任编辑/邵　丹

复旦大学出版社有限公司出版发行
上海市国权路 579 号　邮编：200433
网址：fupnet@fudanpress.com　　http://www.fudanpress.com
门市零售：86-21-65642857　　团体订购：86-21-65118853
外埠邮购：86-21-65109143　　出版部电话：86-21-65642845
上海华业装潢印刷厂有限公司

开本 890×1240　1/32　印张 7　字数 78 千
2018 年 12 月第 1 版第 5 次印刷
印数 14 401—17 500

ISBN 978-7-309-10250-5/B·493
定价：42.00 元

如有印装质量问题，请向复旦大学出版社有限公司出版部调换。
版权所有　　侵权必究